华东理工大学商学院经管系列丛书

王俊秋 著

Touzi Zhe

Qingxu Yu Shangshigong
Xinxi Pilu Celue

投资者情绪与上市公司信息披露策略

中国财经出版传媒集

图书在版编目（CIP）数据

投资者情绪与上市公司信息披露策略/王俊秋著．—北京：经济科学出版社，2019.12

（华东理工大学商学院经管系列丛书）

ISBN 978－7－5218－0969－5

Ⅰ．①投…　Ⅱ．①王…　Ⅲ．①投资者-情绪-关系-上市公司-会计分析-研究-中国　Ⅳ．①F832.48　②F279.246

中国版本图书馆 CIP 数据核字（2019）第 210956 号

责任编辑：王柳松
责任校对：齐　杰
责任印制：李　鹏　范　艳

投资者情绪与上市公司信息披露策略

王俊秋　著

经济科学出版社出版、发行　新华书店经销

社址：北京市海淀区阜成路甲 28 号　邮编：100142

总编部电话：010-88191217　发行部电话：010-88191522

网址：www.esp.com.cn

电子邮箱：esp@esp.com.cn

天猫网店：经济科学出版社旗舰店

网址：http：//jjkxcbs.tmall.com

北京季蜂印刷有限公司印装

880×1230　32 开　6 印张　160 000 字

2019 年 12 月第 1 版　2019 年 12 月第 1 次印刷

ISBN 978－7－5218－0969－5　定价：39.00 元

（图书出现印装问题，本社负责调换。电话：010－88191510）

前言

FOREWORD

行为金融理论认为，投资者并非完全理性，资本市场上投资者高涨的情绪或低迷的情绪，会导致股票价格系统性地偏离其基础价值（Baker and Wurgler，2006）。在中国资本市场，管理层会采取何种信息披露策略来应对投资者情绪及其引致的股票错误定价？这是监管部门、学术界和实务界共同关注的重要问题。

在梳理和综述投资者情绪与信息披露策略相关文献的基础上，本书以中国沪深A股上市公司为研究样本，基于管理层业绩预告和盈余管理行为，实证检验了投资者情绪对上市公司信息披露策略的影响。具体包括：第一，从管理层业绩预告择时及其市场反应视角，揭示了投资者情绪影响企业信息披露策略的路径及作用机理；第二，从管理层业绩预告披露方式的策略性选择视角，揭示了投资者情绪影响企业信息披露策略的路径及作用机理；第三，运用迎合理论，从盈余管理策略视角，揭示了投资者情绪影响企业信息披露策略的作用机理，以及机构投资者扮演的角色；第四，实证检验了投资者情绪对企业风险承担的影响，以及盈余管理策略在其中扮演的中介效应角色。

鉴于财务会计信息在投资者保护中的重要作用，以及投资者情绪存在的普遍性及其影响的重要性，深入探讨投资者情绪对企业信息披露策略选择的影响，具有重要的理论意义和应用价值。从理论上，本书将投资者情绪与上市公司的财务报告行为联系起来，运用行为金融理论解释了市场层面的投资者情绪对微观企业信息披露策略的影响，拓展了信息披露的研究，丰富了中国资本市场投资者情绪的文献。从实践上，研究结果有助于投资者和监管部门识别不同情绪期间管理层的信息披露策略，为监管部门加强对上市公司信息披露行为的监管、保护投资者利益，以及提高资本市场效率等，提供理论基础、经验证据和政策建议。

王俊秋

2019 年 8 月

CONTENTS

目 录

第一章

导　论

第一节　研究动机

投资者情绪指，投资者对未来预期的系统性偏差（Stein，1996），可简要定义为投资者对股票市场总体乐观或总体悲观（Brown and Cliff，2004）。行为金融理论认为，投资者并非完全理性，资本市场上投资者高涨的情绪或低迷的情绪会导致股票价格系统性地偏离其基础价值（Baker and Wurgler，2006）。投资者情绪对于股票价格的影响效应主要表现在两方面：投资者情绪与股票市场收益有很强的关联性和预测能力，即情绪影响股票价格的总体效应；以及情绪对不同股票的差异性影响，即横截面效应，情绪对小市值股票、发行时间较短的股票、高波动率股票、非盈利股票、不分红股票、极端成长型股票这些难以估值和套利的股票影响更大（Baker and Wurgler，2006，2007；王美今和孙建军，2004）。投资者情绪波动导致的错误定价不但直接影响投资者对证券的需求（DeLong et al.，1990），还会引起企业融资和投资决策的异化（Baker et al.，2003；Lamont and Stein，2006），从而影响金融市场资源配置的效率。例如，投资者情绪导致的系统性错误定价将改变企业的相对融资成本，企业通过择时可以捕捉外部融资时机，以相对较低的成本融资，缓解融资约束（McLean and Zhao，2014；徐浩萍和杨国超，2013）。投资者情绪通过股权融资渠道（Baker et al.，2003）、理性迎合渠道（Polk and Sapienza，2009）和管理者乐观主义渠道（花贵如等，2011）来影响企业的投资行为。投资者情绪的波动不仅会影响公司的投资水平，还会对资源配置的非效率产生“缓解”或者“恶化”的不同作用（Baker et al.，2003；花贵如等，2010）。

财务会计信息是公司信息的主要来源，在资本市场资源配置和投资者保护中发挥着重要作用。希利和帕利普（Healy and Palepu，2001）指出，出于契约、政治或公司治理等方面的考虑，管理层极有可能利用自身信息优势自主选择会计政策和披露方式，公司在披露时间和披露内容等方面的差异，实质上是信息披露策略的体现。信息披露策略的相关文献，主要围绕管理层业绩预告策略和盈余管理策略展开。

关于管理层业绩预告策略研究发现，为了影响股票定价、降低坏消息的负面反应，管理层更可能选择在休市或周末披露坏消息以降低投资者关注（Doyle and Magilke，2009；Segal and Dan，2015；Dehaan et al.，2015；张馨艺等，2012；王英允等，2019）。为了实现股票收益最大化，管理层策略性地选择了业绩预告披露时间（Aboody and Kasznik，2000；Dimirov and Jain，2011；Ertimur et al.，2014；蔡宁，2012；鲁桂华等，2017）。为了规避诉讼风险和降低诉讼成本，管理层还会对业绩预告的披露方式进行策略性选择（Skinner，1994；Rogers and Stocken，2005；Rogers and Buskirk，2009）。产权性质（袁振超等，2014）、机构投资者调研（程小可等，2017）、高管权力和内部薪酬差距（王浩和向显湖，2015）等公司治理机制，以及企业战略（王玉涛和段梦然，2019）对业绩预告披露方式具有显著影响。

关于盈余管理策略大量文献表明，基于资本市场动机、契约动机以及迎合政府监管或规避政府监管的动机，盈余管理成为上市公司的常见行为。宏观层面的制度与文化（Leuz et al.，2003；Guan et al.，2005；Han et al.，2010；潘越等，2010；陈冬华等，2013；陆瑶等，2017；陈德球和陈云森，2018），中观层面的行业竞争（Markarian et al.，2014；温日光和汪剑锋，2018），行业景气度（陈武朝，2013；刘玉玉和唐嘉尉，2017）等行业环境层面，以及微观层面的公司治理（陈克兢，2018）、公司战略（叶康涛等，2015；孙健等，2016）或高管的道德与心理特征（陈冬华等，2018；周美华等，2018）等因素，将显著地影响公司的盈余管理行为。

近期，外文文献开始关注市场层面的投资者情绪与微观企业信息披露策略的关系。罗基戈帕和席瓦库玛（Rajgopal and Shivakumar，2007）运用理性迎合理论发现，当投资者对正意外盈余的反应更加乐观时，管理层会通过操控会计应计项目来迎合投资者需求；当投资者对盈余信息持悲观态度时，管理层会采用更保守的财务报告披露策略。伯格曼和罗伊乔杜里（Bergman and Roychowdhury，2008）发现，当市场情绪低迷时，为了纠正投资者对未来的悲观预期，管理层会增加好消息的盈余预告；当市场情绪高涨时，为了维持投资者的乐观预期和高估的股价，管理层将保持沉默、减少发布长期盈余预告。布朗等（Brown et al.，2012）发现，管理层运用是否报告调整盈余（pro forma earnings）的信息披露策略来迎合投资者受情绪驱动的业绩预期，当市场上投资者对未来业绩预期持乐观态度时，管理层采用调高利润的方法报告调整盈余。但是，赛贝特和杨（Seybert and Yang，2010）却发现，当投资者情绪乐观时，因为情绪驱动价值被高估的公司发布了更多的负面盈余预测信息。

显然，鲜有中文文献探讨投资者情绪与企业信息披露策略的关系，而相关外文文献并没能达成一致的研究结论。在新兴加转轨的中国资本市场，市场投资者情绪波动幅度较大，投资者对信息的反应表现出投机性强、换手率高、羊群行为以及市场对好消息和坏消息的非均衡反应等非理性特征（陆蓉和徐龙炳，2004），导致上市公司股价严重偏离其基础价值。那么，在中国资本市场，管理层会采取何种信息披露策略来应对投资者情绪及其引致的股票错误定价？这是监管部门、学术界和实务界共同关注的重要问题，也是本书有待解答的研究问题。

鉴于投资者情绪存在的普遍性及其影响的重要性，深入探讨投资者情绪对企业信息披露策略选择的影响，具有重要的理论意义和应用价值。从理论上，第一，区别于以往的研究，本书将投资者情绪与上市公司的财务报告行为联系起来，运用行为金融理论解释了市场层面的投资者情绪对微观企业信息披露策略的影响，拓展了信息披露的研究文献。第二，关于投资者情绪，相关中文文献更关注投资者情绪对资产价格总体效应和横截面效应的影响，主要从融资、资本投资和股利分配等角度检验了投资者情绪的经济后果。本书则从信息披露视角对投资者情绪的经济后果进行验证，因而丰富了中国资本市场投资者情绪的研究文献。从实践上，研究结果有助于投资者和监管部门识别不同情绪期间管理层的信息披露策略，为监管部门加强对上市公司信息披露行为的监管、保护投资者利益及提高资本市场效率等提供理论基础、经验证据和政策建议。

第二节　研究思路和研究内容

行为金融研究指出，投资者并非完全理性，其投资决策容易受信念、偏好、情感和认知等心理因素的影响。正向的认知偏差，导致投资者激进主义，形成过度乐观的情绪偏差；负向的认知偏差，导致投资者保守主义，形成过度悲观的情绪偏差。因此，当资本市场投资者情绪高涨时，投资者将高估企业的未来业绩、低估企业风险，导致股票价格向上偏离其基础价值；相反，当投资者情绪低落时，股票价格将向下偏离其基础价值（Baker and Wurgler，2006；李小晗，2009）。投资者情绪也会影响市场对公司盈余信息的反应。在情绪乐观期，股票价格对好消息的反应程度更高；在情绪悲观期，坏消息会给市场带来更大的负面冲击力（Mian and Sankaraguruswamy，2012；蒋玉梅和王明照，2010）。

针对以上错误定价，理性迎合理论认为，具有信息优势的公司经理人能够洞察投资者偏好、分辨市场情绪和错误定价，并通过包装公司决策行为来迎合投资者，从而实现收益最大化（Baker and Wurgler，2004；Baker et al.，2007；Polk and Sapienza，2009）。由于会计盈余信息被投资者和证券分析师们广泛应用于公司估值，经理人有动机和能力通过策略性地选择业绩预告披露时机、披露方式，甚至通过操控盈余来达到影响股票价格的目的。因此，本书将运用行为金融理论，从管理层业绩预告策略和盈余管理策略视角，理论分析投资者影响企业信息披露策略的作用机理，并以中国沪深A股上市公司为研究样本，实证检验投资者情绪与企业信息披露策略的关系。本书的主要内容包括以下两方面。

一、投资者情绪与管理层业绩预告策略

业绩预告是管理层向市场参与者传递公司信息的重要途径，管理层业绩预告因具有显著的市场效应而受到监管机构、管理层与投资者的关注。西方资本市场的业绩预告是自愿性会计信息，上市公

司管理层对是否披露、何时披露以及如何披露具有相当大的自由裁量权（Hirst et al.，2008）。不同于西方资本市场的自愿业绩预告制度，中国的业绩预告制度带有一定的强制性。根据《上海证券交易所股票上市规则》（2006 年修订）①和《深圳证券交易所股票上市规则》（2006 年修订）②的相关规定，上市公司亏损、扭亏、业绩较上年同期发生大幅度变动（大于或等于 50%）时，需要提前以临时公告的形式进行业绩预告。并且，业绩预告公告的刊登时间最迟不得晚于该报告期结束后一个月。我国的业绩预告制度意味着，管理层在业绩预告披露内容和披露方式等方面仍然有较大的选择空间，公司也可以自主决定披露时间，即管理层业绩预告的时机也具有较大的选择空间。在这部分研究中，我们将分别从管理层业绩预告披露时间的策略性选择和管理层业绩预告披露方式的策略性选择视角，分析和揭示投资者情绪对管理层业绩预告策略的影响。

（一）投资者情绪、管理层业绩预告择时与市场反应

现有研究支持管理层业绩预告择时的观点，即管理层会选择不同的时点披露好消息和坏消息。例如，好消息提前披露或大多在交易时间披露，坏消息延迟披露或更可能在收市后发布（Doyle and Magilke，2009；Segal and Dan，2015）。之所以选择在休市或周五披露坏消息，是因为管理层认为在这些时点媒体关注度较低、投资者注意力受到限制，从而可以减少坏消息的负面市场反应。除了投资者注意力，盈余信息的市场反应与投资者情绪也具有系统相关性，情绪乐观期股票价格对好消息的反应程度更高，情绪悲观期股票价格对于坏消息的负面反应程度更强烈（Mian and Sankaraguruswamy，2012）。那么，在中国资本市场，投资者情绪是否影响以

①② 资料来源：万得（WIND）金融数据库法律法规。

及如何影响管理层的业绩预告披露时间选择？在不同情绪期间，业绩预告的择时披露策略，是否有助于缓解坏消息的负面市场反应？我们将以沪深 A 股上市公司管理层业绩预告为研究对象，运用主成分分析法构建投资者情绪复合指数，对上述研究命题展开实证研究，从管理层业绩预告择时披露策略视角揭示投资者情绪影响上市公司信息披露策略的路径和作用机理。

（二）投资者情绪与管理层业绩预告披露方式

除了策略性地选择业绩预告的披露时间外，管理层也会策略性地选择业绩预告的披露方式。例如，为了提高股票价格，管理层对于好消息采用了较为精确的点预测和区间预测（Penman，1980），并附上可核实的前瞻性报表（Hutton et al.，2003）；为了规避诉讼风险和降低诉讼成本，管理层倾向于对坏消息采用较为模糊的定性陈述方式（Skinner，1994）；当投资者对信息披露质量的甄别能力较弱时，财务状况不佳的公司管理层更可能发布乐观的业绩预告信息（Rogers and Stocken，2005）。

贝克和沃格勒（Baker and Wurgler，2007）指出，管理层具有信息优势，这种信息优势有助于其准确分辨投资者情绪和错误定价。由于管理层能够感知乐观的投资者情绪或悲观的投资者情绪，当投资者对公司的预期收益和风险与管理层的主观判断发生冲突时，管理层的认知将出现失调（花贵如等，2011）。认知失调会产生一种心理紧张，个体将力图通过两种方式进行自我调整和减压，其一是否认新认知；其二是通过寻求更多信息来接受新认知（费斯汀格，1999）。那么，在不同的投资者情绪周期，管理层对错误定价的感知能力及其减压方式是否影响以及如何影响业绩预告的披露方式？我们将以沪深 A 股上市公司管理层业绩预告为研究对象，分别运用投资者情绪复合指数和动量指标作为投资者情绪的代理变量，从是否自愿披露业绩预告、业绩预告精确性以及预告态度等角度衡量管理层业绩预告披露方式，对上述研究命题展开实证研究，从管理层业绩预告披露方式视角揭示宏观市场层面的投资者情绪对微观企业信息披露策略的影响。

二、投资者情绪与盈余管理策略

盈余管理是指，企业管理层运用会计方法或者安排真实交易来改变财务报告，以误导利益相关者对公司业绩的理解或影响以报告盈余为基础的合约（Healy and Wahlen，1999）。企业的盈余管理策略一直是会计学术界高度关注的问题。斯隆（Sloan，1996）发现，应计盈余的持续性显著低于现金盈余，但是由于有限理性，投资者并不能有效地识别两者之间的差异。尤其是当市场情绪高涨时，投资者将更少关注应计盈余和现金盈余的持续性差异，导致应计盈余的错误定价更加严重（Ali and Gurun，2009）。针对不同情绪期应计盈余的错误定价，管理层是否操控以及如何操控应计盈余以迎合投资者对公司未来业绩的乐观预期？进一步，风险承担是企业投资决策中的一项重要决策，净现值法常常用于项目的投资评估。由于项目投资决策的净现值法涉及“未来现金流和资本成本的估计”，那么，在不同情绪周期内，盈余管理策略是否通过影响投资项目的未来现金流和资本成本，进而影响企业风险承担？在这部分研究中，我们分别检验投资者情绪对企业迎合性盈余管理策略的影响，以及不同情绪期企业的盈余管理策略是否在投资者情绪影响企业风险承担的过程中扮演了部分中介效应的角色。

（一）企业的盈余管理策略是否在迎合投资者情绪

理性迎合理论认为，公司经理人非常关注短期股票价格变化，针对市场的错误定价，具有信息优势的理性经理人将策略性地选择公司的投资、股利分配和财务报告等决策（Polk and Sapienza，2009；Brown et al.，2012），通过迎合投资者情绪驱动的预期而获取利益。在新兴加转轨的中国资本市场，投资者情绪波动幅度较大。投资者情绪是否也会通过迎合渠道对上市公司的盈余管理策略产生影响？

此外，机构投资者行为及其对资本市场的影响，也是会计、金融学术研究的热点。关于机构投资者的公司治理角色，已有研究尚未达成一致结论。并且，现有文献在分析机构投资者的公司治理角色时，忽视了对宏观市场情绪的考量，现实生活中机构投资者面临很强的短期业绩压力（Shleifer and Vishny，1997），会依据市场情绪投机（De Long et al.，1990）。针对不同市场情绪期间上市公司的盈余管理策略，机构投资者将扮演何种角色？我们将以沪深 A 股上市公司为研究对象，运用理性迎合理论和战略联盟假说，对上述研究命题展开实证研究，从盈余管理策略视角揭示不同市场情绪期间企业的信息披露策略以及机构投资者在其中扮演的角色。

（二）投资者情绪、盈余管理与企业风险承担

风险承担反映了企业追逐高额利润并愿意为之付出代价的倾向（Lumpkin and Dess，1996），较高的风险承担意味着企业在投资决策中主动选择高风险、高收益的项目。在微观层面上，较高的风险承担有利于提升企业的竞争优势，促进企业绩效和可持续成长（Boubakri，2013）。在宏观层面上，具有更高风险承担水平的国家，其全要素生产率水平会更高、经济增长效益也更为突出（John et al.，2008）。

投资者情绪主要通过股权融资渠道（Baker et al.，2003）、理性迎合渠道（Polk and Sapienza，2009；潘敏和朱迪星，2010）及

管理者乐观主义渠道（花贵如等，2011）影响企业的投资决策，而风险承担主要代表企业在投资决策中的风险选择，那么，投资者情绪是否影响以及如何影响企业风险承担？为了实现收益最大化，具有信息优势的经理人能够洞察投资者偏好、分辨市场情绪和错误定价，并通过策略性的盈余管理行为迎合投资者。在投资者情绪影响企业风险承担的过程中，不同情绪期管理层的盈余管理策略是否扮演了部分中介效应的角色？我们以沪深 A 股上市公司为研究样本，采用盈余波动率度量企业风险承担，对上述研究命题展开实证研究，从企业风险承担视角揭示投资者情绪的经济后果以及盈余管理策略在其中扮演的中介效应角色。

第二章

文献综述

第一节　投资者情绪与资产定价

投资者情绪对金融资产价格的影响是行为金融学研究领域的热点问题，中外文文献已经积累了较为丰富的研究成果。

一、投资者情绪的测量

基于理性人假设，传统金融理论认为，投资者行为遵守期望效用最大化和贝叶斯学习法则，投资者对自身投资组合的合理和最优化配置，可以使资产价格达到理性均衡。即使存在小部分非理性投资者，其非理性资产需求也会被套利者迅速抵销。因此，在一个有效率的市场，证券价格充分反映了所有可获得的信息，任何投资者都不可能长期因为拥有更多信息而获得超额利润（Fama，1965）。然而在现实中的资本市场，证券价格的大涨大跌很难归因于传统金融学基于宏观经济基本面和公司基本面变化所做出的理性解释，投资者情绪无疑在股票市场的非理性繁荣和恐慌式下跌中起到了推波助澜的作用。

行为金融学者多从金融学和心理学角度来定义投资者情绪。施莱弗（Shleifer，1997）认为，投资者情绪反映了一个动态过程，即投资者对于贝叶斯法则的错误使用；巴维里斯等（Barberis et al.，1998）将此动态过程解释为在认知心理学和预期理论基础上对无论利好消息或是利空消息的过度反应。梅赫拉和沙赫（Mehra and Sah，2002）认为，投资者情绪是反映风险偏好的指标，贝克和斯坦（Baker and Stein，2004）进一步将风险偏好具体化为对定价的错误估值。

另有一些文献从投资者态度界定投资者情绪。德龙等（DeLong et al.，1990）将投资者情绪定义为噪声交易者关于股票未来股价预期偏离理性套利者信念的程度，并指出如果投资者情绪相互影响，理性套利者将无法消除非理性行为导致的错误定价，投资者情绪将成为影响金融资产均衡价格的系统性风险。布朗和克利夫（Brown and Cliff，2004）认为，投资者情绪代表市场参与者的一种预期，可简要定义为投资者对股票市场总体乐观或总体悲观。贝克和沃格勒（Baker and Wurgler，2006，2007）认为，投资者情绪是投资者基于资产未来现金流和投资风险的预期而形成的一种信念，但这一信念并不完全反映当前已有的事实。这种预期或信念除了与资产基本面相关外，还与投资者自身的教育经历、投资经验、社会背景、个性和风险偏好等密切相关，是投资者对资产未来价值的一种“主客观”综合评估。对于同一资产，不同投资者由于信息学习过程差异，将产生同质性主观信念或异质性主观信念，信念调整的过程形成了投资者情绪。因此，投资者情绪是投资者进行投机的倾向，以及对未来资产价格的悲观预期或乐观预期（Baker and Wurgler，2006，2007）。

综上所述，人们通常将投资者对未来预期的系统性偏差称作投资者情绪（Stein，1996）。投资者情绪是由投资者非理性以及有限纠错作用的套利引起的，股票价格短期偏离股票基本价值甚至长期偏离股票基本价值的一种市场现象。

投资者情绪的测量是投资者情绪研究的一个基础性问题，已有研究主要采用三类指标来测量投资者情绪：第一，对投资者进行问卷调查，即主观指标或直接指标；第二，采用市场交易公开统计数据，即客观指标或间接指标；第三，采用上述两种指标的复合指标，来衡量投资者情绪的变化。

（一）主观指标或直接指标

根据问卷调查的内容取向，又可分为两种（易志高和茅宁，2009）。

第一种是基于投资者对股票市场未来行情走势的判断，如投资者智慧指数、央视看盘指数、好淡指数等。布朗和克利夫（Brown and Cliff，2004）介绍了美国个人投资者协会的问卷调查和投资者智慧公司的市场短信调查，认为投资者智慧指数可作为投资者情绪的测量指标。王美今和孙建军（2003）采用央视看盘指数度量投资者情绪，发现投资者情绪是影响均衡价格的系统性因子。熊伟和陈浪南（2015）、陈其安和雷小燕（2017）均采用《股市动态分析》杂志的好淡指数度量投资者情绪，分别研究了股票特质波动率与股票收益和投资者情绪的相关性，以及投资者情绪对中国股票市场波动性的影响。

第二种则侧重于投资者对未来经济前景和投资前景所持有的乐观看法/悲观看法或信心状况，如投资者信心指数、消费者信心指数等。费希尔和斯特曼（Fisher and Statman，2003）、薛斐（2005）发现，消费者信心指数比封闭式基金折价指数能更好地衡量投资者情绪。伯格曼和罗伊乔杜里（Bergman and Roychowdhury，2008）、赫利巴尔和麦金尼斯（Hribar and McInnis，2012）以消费者信心指数作为投资者情绪的代理变量，分别检验了投资者情绪对公司信息披露策略以及证券分析师预测偏差的影响。

以上通过对投资者的问卷调查而获得的情绪指标，虽然可以直接反映投资者的心理特征，但是在实际投资行为中，投资者并不会完全按照情绪行事（Fisher et al.，2000）。因此，投资者情绪的主观指标或直接指标，并不能全面反映投资者在决策过程中的真实情绪。

（二）客观指标或间接指标

客观指标或间接指标主要通过市场交易的公开统计数据来间接测量，常用的客观指标包括封闭式基金折价（De Long et al.，1990；Brown and Cliff，2004；伍燕然和韩立岩，2007）、首次公开发行（IPO）发行量及首日收益（Ljungqvist et al.，2006；Baker and Wurgler，2006，2007；韩立岩和伍燕然，2007）、市场平均换手率（Baker and Stein，2004；Brown and Cliff，2004；Baker and Wurgler，2006）、股利收益（Baker and Wurgler，2004，2006）、股票发行/债券发行比例（Baker and Wurgler，2006，2007）、半年期的动量指标（花贵如等，2010，2011）、新增A股开户数（刘维奇和刘新新，2014；刘晓星等，2016）、基金和股票资金流量（Brown and Cliff，2004）、开放式股票基金净买入（王春，2014）、个体投资者IPO首日净买入比例（Kumar and Lee，2006；俞红海等，2015）。

由于市场中的投资者众多，不同投资者的信念和偏好有所差异，单一市场统计测量指标可能仅反映了不同投资者的情绪或投资者情绪的某一方面，如封闭式基金折价更多反映的是个体投资者情绪，难以全面刻画整个市场情绪（易志高和茅宁，2009）。

（三）复合指标

以上主观指标或客观指标，均只能从某个侧面反映投资者心理的变化，如果仅用单个指标来衡量整个市场的情绪，未免太过偏颇（Baker and Wurgler，2006；易志高和茅宁，2009）。此外，除了投资者自身特有的心理特征，情绪还将受到宏观经济周期变化的影响，投资者信心与宏观经济周期之间存在正相关关系（Ludvigson，2004）。因此，在投资者情绪测量过程中，必须剔除宏观经济对情绪的影响，否则将影响情绪测量的准确性，进而影响相关研究结论的客观性。

为此，贝克和沃格勒（Baker and Wurgler，2006）基于封闭式基金折价、交易量、IPO 数量和 IPO 首日收益率、股利收益和股票发行/证券发行比例等单项情绪指标，同时控制了工业生产指数、经济景气指数以及耐用/非耐用/服务消费增长等宏观经济周期变量的影响，构造了投资者情绪复合指数（BW 指数）。相比单一的投资者情绪指标，BW 指数能够更全面、更真实地反映整个市场投资者情绪的变化，在后续的投资者情绪研究中被广泛采用。

结合国内股票市场实情和数据的可获得性，中文文献也借鉴贝克和沃格勒（Baker and Wurgler，2006）的方法，通过构建复合指标对投资者情绪进行测量。例如，易志高和茅宁（2009）基于封闭式基金折价、交易量、IPO 数量和上市首日收益、消费者信心指数和新增投资者开户数等单项情绪指标，同时控制了居民消费价格指数、工业品出厂价格指数、工业增加值和宏观经济景气指数等宏观经济变量，构建了中国股票市场投资者情绪综合指数的月度指标。刘莉亚等（2010）选择了封闭式基金折价、市场换手率、IPO 首日发行量和 IPO 首日超额收益率等情绪代理变量，构建了投资者情绪复合指数。张宗新和王海亮（2013）的投资者情绪复合指数引入了封闭式基金折价、市场换手率、投资者新增开户数、上涨下跌家数比、A 股平均市盈率和上证指数振幅 6 个情绪代理变量。文风华等（2014）的投资者情绪复合指数包括封闭式基金折价、IPO 数量、

IPO 首日收益率、A 股新增开户数和市场换手率 5 个情绪指标。宋顺林和王彦超（2016）选择了封闭式基金折价、市场换手率、月新增投资者开户数、A 股整体市盈率、上证综指近 3 个月的回报率和 A-H 股溢价 6 个情绪变量，得到投资者情绪复合指数。

二、投资者情绪与股票收益

德龙等（DeLong et al. , 1990）首次将投资者情绪引入股票价格决定模型，指出如果投资者情绪相互影响，套利者将无法消除非理性行为导致的错误定价，投资者情绪会成为影响金融资产均衡价格的系统性风险。自此之后，中外文文献发现，投资者情绪对于股票价格的影响效应主要表现在两个方面：情绪对于股票市场所产生的系统性影响即总体效应（aggregate effects），以及情绪对不同股票的差异性影响即横截面效应（cross-section effects）。

（一）总体效应

关于投资者情绪对股票价格的总体效应，研究发现，情绪与股票市场收益有很强的关联性。

德波特（De Bondt，1993）对美国个体投资者协会的 125 名成员进行调查后发现，个体投资者情绪与股票市场总体表现具有显著的相关关系。卡姆斯特拉等（Kamstra et al. , 2000）认为，日照时间长短的变化与投资者心情以及股票收益率之间有显著的相关性，日照时间越长，投资者情绪越高涨，对股票估价更为乐观，作用于证券市场中表现为股票收益率越高。李和江（Lee and Jiang，2002）研究发现，投资者在股票市场中的超额收益与投资者情绪正相关，投资者情绪乐观时，会导致股市波动性下降并提高未来股市的超额收益。赫什利弗和沙姆韦（Hirshleifer and Shumway，2003）对天气与人的情绪进行研究发现，天气是否晴好与股票收益率有很强的相关关系，当天气晴好时股票收益率更高，因为晴好天气会使人产生乐观的情绪。卡姆斯特拉等（Kamstra et al.，2003）研究了季节交替对于股票收益率的风险溢价影响，以季节性情绪失调（SAD）指数来衡量投资者的心情，发现季节性情绪失调指数与股票收益率有显著的相关关系。安特维勒和弗朗克（Antweiler and Frank，2004）运用朴素贝叶斯算法将来自雅虎财经的150万条帖子分成看空、看多、持平（包括噪音）三类，据此构建了看涨情绪指标，结果发现情绪指标对股价收益有显著的正向影响。曹和魏（Cao and Wei，2005）发现，气温高低会对股票收益率产生影响，由于较低的气温会增强投资者的风险厌恶程度，导致气温低时，股票收益率更低；此外，暴风雨天气或大风天气，会导致投资者烦躁的情绪（Nastos et al.，2006），与之相对应的是较低的股票收益率（Keef and Roush，2005）。

埃德曼等（Edmans et al.，2007）认为，体育比赛的输赢会影响投资者的心情，进而影响股票收益率，如某国家某日在国际性比赛中取得了好成绩，则股票收益率会随之上涨，否则会出现明显下跌。博伦等（Bollen et al.，2010）利用情绪分析工具对微博（Twitter）进行文本分析，得出微博文本体现的情绪指标，发现情绪指标对美国道·琼斯指数的波动率具有预测作用。

针对中国资本市场，王美今和孙建军（2004）直接以央视看盘的调查数据来测度投资者情绪，证实情绪对于市场收益及其波动具有显著影响，说明情绪是影响均衡价格的系统性因子。伍燕然和韩立岩（2007）、韩立岩和伍燕然（2007）分别运用不完全理性投资者的情绪解析了中国“封闭式基金之谜”以及“IPOs之谜”，进而利用其他反映情绪的指标间接证明封闭式基金折价以及新股首日收益是情绪指标，发现投资者情绪和市场收益之间存在双向反馈关系，中国资本市场的投资者情绪对长期收益存在显著反向影响（长期收益反转），对短期收益存在显著正向影响（短期收益惯性），从而论证了投资者情绪是资产定价的重要因素。张强和杨淑娥（2009）发现，投资者情绪是影响股票价格的系统因子，股票价格随着投资者情绪波动而波动，而且，情绪的上涨和下降对股票价格的影响是不对称的，情绪上涨对股票价格的影响要比下降强得多；因投资者情绪波动而产生的股票收益波动，构成市场系统风险并得到相应的风险溢酬。

李小晗（2009）采用月相变化这一外生变量测量投资者情绪的周期性波动，发现投资者情绪的周期性波动会持续地影响股票收益，造成股票收益率发生同样频率的周期性变动；投资者不同情绪状态下的股票收益率存在差异，情绪悲观时的股票收益率比情绪乐观时的股票收益率低；同时，投资者情绪的周期性波动对股票市场的影响在牛市阶段以及周期性行业中表现得更为显著。蒋玉梅和王明照（2010）发现，就总体效应而言，情绪与短期市场收益正相关，与长期市场收益负相关，说明投资者情绪对于股票收益产生系统性影响。池丽旭和庄新田（2011）的研究表明，投资者情绪对股票收益具有显著影响，其中，乐观情绪的影响高于悲观情绪，极端情绪在股票市场上具有独特的预测能力。

金雪军等（2013）以东方财富网股吧为研究对象，通过文本挖掘方法提取了投资者情绪指数，验证了投资者情绪对股票收益率的正向影响。张宗新和王海亮（2013）考察了投资者主观信念调整对投资者预期改变和市场冲击的过程，结果表明，主观信念调整引致投资者情绪变化，投资者情绪对市场波动率及收益率均有显著的正向影响。情绪水平越高，股价偏离内在价值越远，股市波动性越大。文凤华等（2014）采用上证市场数据构建投资者情绪指数，研究发现，投资者情绪对股票收益率有显著的影响，但这种影响存在明显的非对称性；正面情绪和情绪的向上变动都对股票收益有显著的正向影响，而负面情绪和情绪向下变动对其影响并不明显，这是由于在情绪低落时期理性成分对市场起主导作用。

除了对预期收益产生直接影响之外，高大良等（2015）发现，投资者情绪还通过影响平均相关性与预期收益之间的关系，对资产价格产生间接影响。具体表现为，高涨的投资者情绪会削弱平均相关性与股市收益之间的关系，即在高情绪期，投资者对总体风险所要求的补偿显著降低，体现为明显的风险寻求，说明中国股票市场上的情绪投资者更多，非理性程度更大。巴曙松和朱虹（2016）发现，包含融资融券在内的投资者情绪对市场波动性具有加剧效应，从参与者层面，消极型投资者受投资者情绪影响所导致的业绩波动程度大于积极型投资者；在融资融券开展的不同时期内，投资者情绪对投资者业绩波动呈现出先抑后扬的表现。陈其安和雷小燕（2017）研究了货币政策和投资者情绪对中国股票市场波动性的影响机理，发现中国股票市场价格波动性与投资者情绪正相关，与市场利率负相关；投资者情绪在一定程度上弱化了货币政策对股票市场波动性的调控作用，进而使得股票市场对货币政策的实际反应偏离了货币政策调控目标。

出于投资主体差异的考虑，文献将情绪进一步细化为散户投资者情绪（或称个人投资者情绪）和机构投资者情绪两大类。例如，施梅林（Schmeling，2007）用对于个人投资者与机构投资者的直接调查数据测度情绪，分析了情绪对于股价的影响，发现二者的情绪对股票市场均存在影响。机构投资者能正确预测股票市场收益，个人投资者反向预测了市场趋势，即个人投资者情绪是噪音交易者风险的代理变量，而机构投资者是经验丰富、消息灵通的精明投资者，当机构投资者预期到个人投资者已过分乐观（悲观）的时候会比较悲观（乐观），因为他们意识到股价已经高（低）于其基础价值。施梅林（Schmeling，2009）运用18个工业化国家的面板数据，检验了个人投资者情绪对股票预期收益的影响，发现平均而言，情绪反向预测了股票市场总体收益，情绪高涨（低迷）时未来的收益会较低（高），这种关系对于不同类型的股票和不同的预测期同样成立。布尔加特等（Burghardt et al.，2008）用欧洲权证交易所的交易数据构造散户投资者情绪指数，发现情绪指数与市场收益负相关，可以较高程度地解释收益的时间序列方差、较好地预测未来的股票价格，其研究结果支持散户投资者情绪是资产定价的重要影响因素。

刘维奇和刘新新（2014）以中国资本市场个人投资者和机构投资者的月新增开户数作为投资者情绪的替代指标，研究发现，机构投资者情绪可以帮助预测个人投资者情绪，反之不成立；机构投资者在市场上表现得更为理性，他们的情绪能够预测后市，而个人投资者情绪不具有预测性；进一步研究后发现，投资者关注度越高的股票，其收益对投资者情绪变化的敏感度越高，这种现象无论是在对个人还是对机构投资者情绪变化的敏感度上均表现出一致性。

（二）横截面效应

除了投资者情绪对于股票收益的总体效应，情绪对不同特征的股票所产生的横截面效应也受到了广泛关注。早期研究主要集中于情绪对不同规模股票产生的横截面效应。例如，李等（Lee et al.，1991）研究了情绪与封闭式基金折价的关系，认为小市值股票和封闭式基金均主要为个人投资者所持有，受个人情绪的影响，小市值股票的收益率变动和基金折价变化呈正相关。

随着研究视角的深入，文献开始关注情绪对于不同投资主体结构和账面市值比股票的横截面效应。在情绪与投资主体结构特征的关系上，巴尔贝里斯等（Barberis et al.，2005）发现，股票收益的协同效应可以由噪音交易者情绪所解释而非简单归因于传统的基本面联动，个人投资者持股比例越高的股票，其收益与情绪的关联度越高，说明市场摩擦和噪音交易者情绪对于资产估值具有重要的影响。库马尔和李（Kumar and Lee，2006）发现，个人投资者买卖股票存在一定的同步性，他们以散户交易数据构造了情绪指数，发现小市值、低价格、机构持股比例低以及价值型的公司是散户投资者集中持股与密集交易的对象，这些股票难以套利，其收益对情绪变化的敏感程度相对较高；且这些散户投资者集中度较高的股票收益之间存在着联动性，而宏观经济信息与分析师盈余预测修正不足以解释这些结果。

莱蒙和高鲁伯（Lemmon and Golubeva，2006）研究了情绪与规模溢价之间的关系，发现情绪预测了小市值股票收益及机构持股比例低的股票收益；同时，价值股对于情绪变化更敏感，而成长股似乎对于情绪变化没有反应。贝克和沃格勒（Baker and Wurgler，2006，2007）选取了换手率、封闭式基金折价率、IPO 数量和首日收益率、红利溢价率以及股权发行比率 6 个指标进行主成分分析，构建了复合投资者情绪指数，发现情绪对于个股及市场整体收益均具有显著的重要影响；并且，市场情绪会驱动投机性投资的存在，进而使得股票收益出现横截面效应，情绪对小市值股票、发行时间较短、高波动率、非盈利股票、不分红股票、极端成长型股票这些难以估值和套利的股票影响更大。

文献也证实了中国资本市场投资者情绪对于股票收益的横截面效应。刘莉亚等（2010）借鉴心理学家在赛马赌博中发现的规律，理论分析并实证检验了投资者情绪的截面效应，研究发现，在控制了市场因素后，投资者情绪仍然对不同特征的投资组合收益率具有一定的解释作用。情绪指标对大市值、高市盈率、盈利能力较强、上市时间较短的股票组合的影响要显著小于对小市值、低市盈率、盈利能力较弱、上市历史较长的股票组合；特别地，资不抵债、亏损企业的股票更容易受情绪波动的影响。

蒋玉梅和王明照（2010）研究发现，就横截面效应而言，股票收益对于情绪的敏感度存在差异，股息率、有形资产率、价格、市净率、市盈率、波动率、户均持股比例等特征值低的股票和资产负债率高的股票，更容易受到情绪影响；在情绪乐观时，该类股票在当期或滞后一期具有超额收益，情绪悲观时则相反，投资者情绪对于该超额收益具有一定的解释作用和预测能力。熊伟和陈浪南（2015）从理论和实证两个角度分析股票特质波动率、股票收益与投资者情绪之间的动态关系，研究结果表明，投资者情绪和股市流动性是影响中国股票市场高特质波动股票与低特质波动股票截面收益差异大小的重要原因；投资者越乐观、市场上流动性越强，高特质波动组合收益率与低特质波动组合收益率的截面差异就越大。

三、投资者情绪与新股发行（IPO）定价

首次公开发行（IPO）一直是金融学研究的热点问题。其中，IPO 高抑价率以及长期表现不佳这一现象在全世界范围内长期存在，被学术界称为“IPO 之谜”（IPO puzzle）。传统金融理论主要基于投资者理性和信息不对称来对“IPO 之谜”进行解释。行为金融理论认为，投资者情绪也是影响“IPO 之谜”的重要因素之一。

德里安（Derrien，2005）基于承销商角度，从理论上研究了 IPO 定价及其后续价格变化问题，发现投资者情绪会导致 IPO 首日高回报以及长期低回报的现象。永奎斯特等（Ljungqvist et al.，2006）从发行人角度出发，通过理论建模的方式刻画了投资者情绪影响 IPO 定价的机制，研究发现当存在情绪投资者和受到卖空约束的情况下，IPO 首日投资回报会出现异常高的现象，同时，IPO 股

票长期投资回报为负。科尔内利等（Cornelli et al.，2006）实证发现，在“灰市场”（grey market）中，当散户情绪乐观时，存在较高的首日收益率及长期表现弱势，并进一步认为，只要投资者受情绪鼓动，产生过度乐观情绪，以上研究结论同样适用于其他市场。陈（Chan，2014）利用小规模的买方发起交易数作为散户需求的替代变量，研究了美国 1994 ~ 2004 年散户情绪对 IPO 收益的影响，发现散户情绪与 IPO 上市首日收益的波动正相关，并且，这种关系在投资者情绪极度乐观期（1999 ~ 2000 年网络泡沫期间）更加显著。

针对中国资本市场的“IPO 之谜”，俞红海等（2015）从二级市场个体投资者情绪与意见分歧相结合的角度，利用账户交易数据中的投资者 IPO 首日净买入构建情绪指标对中国股票市场“IPO 之谜”进行研究。该研究发现，IPO 首日投资者情绪和意见分歧均对 IPO 首日回报有显著为正的解释力，尤其是当意见分歧严重时，投资者情绪的影响更大，同时，首日投资者情绪对 IPO 长期超额回报有显著负向影响。该研究结果表明，二级市场个体投资者非理性行为是中国股市“IPO 之谜”产生的重要因素。汪昌云和武佳薇（2015）利用 IPO 公司在上市前不同时间段内主流财经媒体报道中的正负面词汇，构建了媒体语气这一度量公司层面投资者情绪的代理变量，从个股层面检验投资者情绪对 IPO 抑价率的影响。结果发现，相比正面媒体语气，负面媒体语气能够更好地解释 IPO 抑价率、首日换手率以及超募比例。具体而言，负面媒体语气与 IPO 抑价率、IPO 超募资金比例以及承销商费用占比均显著负相关，负面媒体语气每下降 1%，IPO 抑价率上升 0.22%，超募资金比例提高 0.13%，承销商费用占比上升 1.44%。

邵新建等（2015）基于百度新闻这种新闻统计工具，系统研究了中国媒体报道在企业 IPO 过程中影响新股发行价格的内在机制。

研究结果发现，公司可以通过投入媒体公关费用来增加媒体对于该公司的新闻报道量，这些报道在性质上属于正面的广告宣传，而正面新闻能够显著提高投资者对该公司的关注程度和乐观情绪。乐观情绪越强，则参与证券发行的投资者人数越多，需求量越大，进而导致证券发行价格的上调幅度越大；但是在长期内，当证券交易价格逐渐回归实际价值时，发行前关注度越高的证券，其长期回报率越低。

陈鹏程和周孝华等（2016）对机构投资者私人信息、散户投资者情绪与 IPO 首日回报率之间的关系进行研究后发现，散户投资者情绪与 IPO 首日回报率正相关。宋顺林和王彦超（2016）检验了投资者情绪对 IPO 公司首日收益率的影响，发现中国上市公司 IPO 溢价高到45%，市场情绪和个股具体的情绪均显著影响 IPO 溢价。相对而言，市场情绪的影响更大；市场情绪对 IPO 溢价的影响程度因公司而异，价值不确定性越高的公司，市场情绪对其 IPO 溢价的影响越大；投机风险越高的公司，市场情绪对其 IPO 溢价的影响越小。此外，IPO 溢价较高的公司，其股价在上市后会逐渐反转。周孝华和陈鹏程（2017）将中国新股发行锁定制度纳入德里安（Derrien，2005）的承销商价格稳定模型，在询价制下分析投资者情绪对 IPO 价格形成机理的影响。理论分析和实证检验表明，在投资者过度乐观情绪下，高发行价与抑价并存，IPO 长期表现弱势，抑价是对机构投资者锁定期内持股的流动性风险补偿，且抑价与投资者情绪的乐观程度正相关，与机构投资者配售比例正相关。

投资者情绪除了影响二级市场的 IPO 溢价外，还会对一级市场定价产生影响。例如，德里安（Derrien，2005）发现，个人投资者的需求会导致更高的 IPO 定价。永奎斯特等（Ljungqvist et al.，2006）的理论模型表明，承销商会利用投资者的情绪提高新股发行价。宋顺林和唐斯圆（2016）基于 380 家 IPO 公司机构投资者报价的详细数据，检验了投资者情绪及承销商在IPO定价过程中的作用。该研究发现，投资者情绪越高，询价阶段的机构投资者报价越高，表明投资者情绪可能通过影响机构报价推高发行价；在最终定价阶段，承销商在机构报价的基础上进一步上调了发行价，其上调幅度与投资者情绪无显著关系、与机构报价相对公司内在价值的高低显著负相关。

第二节 投资者情绪、财务决策与资源配置效率

基于市场完全竞争、经济主体理性假设，传统投资理论认为，企业的投资行为取决于产量、资本成本、托宾Q值和现金流等基本面因素。行为金融理论认为，市场上不仅存在足够影响均衡价格的非理性交易者，在一定条件下，最大化收益的理性交易者也可能采取推动价格偏离其内在价值的交易策略。因此，投资者情绪波动导致的错误定价，不但直接影响投资者对证券的需求（DeLong et al.，1990），还会引起企业融资和投资决策的异化（Baker et al.，2003；Lamont and Stein，2006），从而影响金融市场资源配置的效率。

一、投资者情绪与企业融资

贝克和沃格勒（Baker and Wurgler，2006）指出，投资者情绪导致的系统性错误定价将改变企业的相对融资成本，企业通过择时可以捕捉外部融资时机，以相对较低的成本融资，缓解融资约束。“市场择时”理论是投资者情绪影响企业融资约束的理论基础。麦克莱恩和赵（McLean and Zhao，2014）依据该理论，以股权融资择时和债券融资择时为基础，研究了投资者情绪与融资约束的关系。

结果发现，低落的投资者情绪会造成股权和债券发行量的减少进而导致企业融资约束；而高涨的投资者情绪将降低股票和债券的发行成本，从而缓解融资约束。

针对中国资本市场，黄宏斌等（2014）发现，高涨的投资者情绪带来择时发行股票的好时机，降低了投资现金流敏感性，缓解了企业面临的融资约束。徐浩萍和杨国超（2013）研究了股票市场投资者情绪对债券融资成本的影响。基于股票市场和债券市场的联动机制，股票市场过度乐观的投资者情绪或者传染到债券市场，或者理性投资者为规避泡沫风险而投资债券套利，两者都会提高债券的需求，从而降低债券的融资成本。该实证结果表明，债券发行决策时股票市场投资者情绪越高，债券发行利率就越低；这一作用对信用等级高、经营业绩好、政府控股的企业以及含股权选择的债券影响更加显著，从而支持了理性套利假说；股票市场投资者情绪与企业债券融资倾向正相关，从而进一步支持了投资者情绪更高时债券融资成本更低的结论。

黄宏斌等（2016）动态考察了投资者情绪变化对不同生命周期企业融资选择及融资约束缓解效应的影响。其研究发现，不同生命周期企业融资约束状态不同，利用高涨投资者情绪缓解融资约束的程度及途径均存在差异，其中，成长期企业融资约束程度最大，利用投资者情绪择时融资以缓解融资约束的程度也最强，衰退期企业次之，成熟期企业最小。此外，各生命周期企业均会利用投资者情绪变化选取最适宜自身的融资方式，具体而言，处于生命周期各阶段的企业均会利用投资者的高涨情绪进行信贷融资以缓解融资约束；相对衰退期企业，成长期企业更偏好利用股权融资缓解融资约束，成熟期企业更偏好利用债券融资缓解融资约束。因此，投资者情绪不仅对生命周期影响企业融资约束具有调节效应，而且对企业生命周期影响融资方式的选择也具有调节效应。

除股权融资渠道和债券融资渠道外，投资者情绪也可以通过影响企业信贷融资规模缓解融资约束。根据资产负债表渠道理论，借款人外源融资溢价的大小取决于其净财富。净财富越大，担保能力越强，违约后银行遭受损失的概率越小。在投资者情绪高涨期，上市公司净财富及可供质押的股权资产增值，信贷能力加强，银行放贷意愿增强，企业也将获得更多银行借款。在实证研究中，黄宏斌和刘志远（2013）发现，信贷融资也存在择时效应，伴随着投资者情绪的高涨，企业信贷融资规模显著增大。

二、投资者情绪与企业投资

关于投资者情绪对企业投资的影响，学界已经积累了丰硕的成果。学者们一致发现，投资者情绪与企业投资规模显著正相关。并且，投资者情绪主要通过股权融资渠道、理性迎合渠道及管理者乐观主义渠道影响企业的投资行为。

（一）股权融资渠道

根据股权融资渠道理论，投资者情绪通过影响股票价格改变企业的融资条件，从而影响其投资行为。早在 1936 年，凯恩斯就指出，股票价格中包含的非理性因素会导致企业权益融资成本和融资方式发生变化，对企业投资行为产生影响。在投资者非理性和经理人理性的假设基础上，斯坦（Stein，1996）提出了企业权益融资的市场时机选择理论。该理论认为，理性经理人会利用投资者情绪波动导致的市场错误定价选择合适的时机发行股票或者回购股票。进一步，贝克等（Baker et al.，2003）在市场时机选择理论的基础上，提出了企业投资决策的股权融资渠道理论。他们认为，当企业存在融资约束时，非理性投资者情绪波动导致的市场错误定价有可能使得价值被低估的企业面临外部融资成本过高的困境，从而放弃正净现值（NPV）的项目；当投资者情绪高涨时，股价上涨能够降低融资成本所带来的压力，企业在资金宽裕的情况下，就能够选择更多正 NPV 的项目，从而缓解融资约束导致的投资不足问题。运用 KZ 指标，贝克等（Baker et al.，2003）将美国上市公司按照股权依赖程度的高低分组后，对公司投资行为和股价的回归发现，外部融资约束越强的公司其实际投资对市场价格的波动越敏感。

此后，文献分别以日本、美国和澳大利亚等国的上市企业为样本，验证了股权融资渠道的存在性（Chirinko and Schaller，2001；Gilchrist et al.，2005；Chang et al.，2007）。并且，企业融资约束会受到市场错误定价的影响，在投资者情绪低迷期企业有更强的投资—现金流敏感性（Mclean and Zhao，2014）。

（二）理性迎合渠道

股权融资渠道是以企业融资约束为前提的，但是，如果企业不受融资约束的限制，拥有充足的内部资金和较强的借债能力，股权融资渠道的有效性就会受到质疑。针对这一局限性，在放松企业融资约束的前提下，外文文献提出了企业投资决策的理性迎合渠道理论。该理论认为，如果经理人拒绝投资于投资者认为有盈利前景的项目，则投资者会缩短持股周期，由此产生外部公司治理的压力。因此，关注公司股票短期价格变化的经理人，会迎合投资者情绪扩大投资量或紧缩投资量。波尔克和萨皮恩扎（Polk and Sapienza，2009）证实了理性迎合渠道的存在并发现，即使对那些融资约束不强的公司，投资者情绪依然直接影响其投资。例如，当投资者偏好高资本支出的公司时会高估该类公司股价，具有自利倾向的管理层会加大公司投资以迎合投资者的这种偏好，目的是为了保住、提升自身职位或维持股价高估从而使自身期权价值最大化等。并且，在盈余预期不确定性和投机性更高的公司，经理人投资决策的迎合倾向会更为明显。

中文文献也证实了中国上市公司资本投资中理性迎合渠道的存在，并且深入检验了理性迎合渠道的影响因素。例如，潘敏和朱迪星（2010）利用1999～2008年中国上市公司的经验数据，实证检验了中国上市公司经理人投资决策中迎合倾向的影响因素。该研究结果表明，盈余预期不确定性和投机性是影响中国上市公司经理人迎合倾向的主要因素；信息透明度低和成长性高的公司经理人的投资决策更容易受到投资者市场情绪的影响，而收益波动性和换手率等市场指标对经理人迎合倾向的影响并不显著。潘敏和朱迪星（2011）在假定投资者并非完全理性、经理人理性的条件下，通过构建同时包含股权融资渠道和理性迎合渠道的经理人最优投资决策模型，理论分析和实证检验了不同市场周期下投资者情绪波动对企业投资决策影响的非对称性问题。结果表明，与市场下行周期相比，在市场上行周期，由于投资者存在自我归因、过度自信和处置效应等认知偏差，投资者情绪波动通过股权融资渠道和理性迎合渠道对企业投资的影响更为显著。刘志远等（2012）发现，即使存在控股股东，投资者情绪依然与公司支出正相关，但是，相关程度受到股东持股比例的影响；两权分离程度越高，控股股东的迎合程度越强。

张庆和朱迪星（2014）在放松行为公司金融理论中管理者“三目标”（内在价值、短期价格和利用市场时机为长期股东牟利）的基本框架的基础上，构建了考虑管理层持股影响下企业迎合投资行为的理论模型。理论分析和实证研究结论表明，管理者持股水平会抑制企业的迎合倾向，当企业市场价格被高估和低估时，这种抑制作用有所差异。当市场高估企业价值时，高管持股水平提高可以显著抑制企业的迎合投资行为；当市场低估企业价值时，高管、董事会成员以及整个管理层成员的持股水平都可以抑制企业迎合投资行为。靳光辉等（2015）研究了权益激励对高管迎合行为的影响，研究发现，高管持股比例与股权激励计划中是否授予股票期权，并不显著影响迎合作用的发挥，而高管持股激励强度对迎合行为存在显著为正的调节作用，这种调节作用在高成长性公司表现得更为显著。翟淑萍等（2017）基于管理者理性框架、投资者非理性框架探讨了管理者是否会迎合投资者情绪进行研发投资决策，以及资本市场业绩预期压力对理性迎合行为的影响。该研究结果显示，投资者情绪对企业研发投资的影响支持了理性迎合假说，资本市场业绩预期压力能够抑制企业研发投资对投资者情绪的迎合程度；而以上效应只存在于小规模、低盈利能力以及管理层高持股的企业，说明企业规模、盈利能力和管理层持股是管理层迎合投资者情绪和维护资本市场形象动机的重要影响因素。

（三）管理者乐观主义渠道

股权融资渠道和理性迎合渠道，建立在投资者非理性、管理者理性的假设基础上。管理者乐观渠道则突破了管理者理性、投资者非理性的假设，将管理者和投资者均置于非理性的框架之下，进一步研究伴随着投资者情绪的高涨或低落，管理者如何诱发乐观或悲观的情绪，进而对后续的投资决策产生影响（Baker and Wurgler, 2004）。如果管理层分享了与投资者对公司前景同样的情绪，产生“过度自信”或“过度乐观”，则会对未来投资项目存在更加乐观的预期而增加企业投资。也就是说，高涨的投资者情绪或低落的投资者情绪可以通过“塑造”（shape）管理者乐观情绪或悲观情绪，最终影响企业投资。

花贵如等（2011）将管理者乐观主义嵌入投资者情绪与企业投资行为的关系中，考察其中介效应。在这一理论逻辑框架下，利用中国上市公司的经验证据，实证检验了投资者情绪、管理者乐观主义与企业投资行为的关系。该研究发现，投资者情绪确实是驱使企业投资行为的动力；管理者乐观主义是时变的，投资者情绪对管理者乐观主义具有塑造作用；在投资者情绪影响企业投资行为的过程中，至少部分通过管理者乐观主义的渠道发挥作用。

三、投资者情绪、财务决策与资源配置效率

贝克等（Baker et al.，2003）指出，由于不完美市场状态下融资约束、代理问题等因素的存在，企业的投资水平往往会偏离最佳状态而出现投资不足或者过度投资的情况。上述两种现象都是对企业有限资源的一种浪费，必然造成企业经营绩效的减损。而高涨的（低落的）投资者情绪可能会加剧（缓解）企业的过度投资，但也可能会缓解（加剧）企业的投资不足。因此，投资者情绪的波动不仅会影响公司的投资水平，还会对资源配置的非效率产生“缓解”或者“恶化”的不同作用（Baker et al.，2003；花贵如等，2010）。

花贵如等（2010）以中国沪深股票市场2000～2008年所有A股上市公司为样本，深入研究了投资者情绪对企业投资行为的影响及其经济后果。该研究发现，投资者情绪与企业过度投资显著正相关，而与投资不足呈显著的负相关关系；投资者情绪对企业当前和未来绩效的影响表现为“正向影响—负向影响—逐渐消退”的过程。这说明，投资者情绪对中国上市公司资源配置非效率具有“恶化效应”和“校正效应”的两面性，而其“总体效应”则是导致资源配置效率的降低。黄宏斌和刘志远（2013）主要从先验和后验两个角度，考察了投资者情绪对中国信贷资源配置效率的影响，研究发现，从先验角度看，随着投资者情绪的高涨，那些真正需要资金并且融资困难的民营小规模上市公司获得了更多的银行借款，信

贷资源配置效率提高。但是，从后验角度看，情绪高涨期企业获取的银行借款更多用于过度投资而部分用于改善投资不足，过度投资带来的经营绩效减损效应超过了对改善投资不足带来的经营绩效提升效应。因此，根据事后投资效率和经营绩效，投资者情绪的介入降低了信贷资源配置效率。许骞和花贵如（2015）将公司资源中流动性最强的现金持有与外部市场的投资者情绪共同纳入分析框架，发现投资者情绪对非效率投资的“恶化效应”和“缓解效应”也会受到现金持有水平的影响。高现金持有会加剧投资者情绪高涨时的过度投资，但会缓解投资者情绪低落时的投资不足问题；低现金持有会恶化投资者情绪低落时的投资不足状况，但会缓解投资者情绪高涨时的过度投资问题。

第三节　上市公司信息披露策略

希利和帕利普（Healy and Palepu，2001）指出，出于契约、政治或公司治理等方面的考虑，管理层极有可能利用自身信息优势自主选择会计政策和披露方式。公司在披露时间和内容等方面的差异，实质上是信息披露策略的体现。会计盈余信息对投资者决策具有重要作用，已有研究主要围绕管理层业绩预告策略和盈余管理策略等展开策略性信息披露研究。

盈余管理是有目的地干预对外财务报告过程，以获取某些私有利益的披露管理，其实质是对所披露信息的操控（Schipper，1989）。管理层业绩预告，是公司向市场参与者传递公司信息的重要途径。西方的业绩预告是自愿性会计信息，上市公司管理层对是否披露、何时披露以及如何披露具有相当大的自由裁量权（Hirst et al.，2008）。中国实施业绩预告强制披露制度，当公司业绩符合需要强制披露业绩的要求时，上市公司应当按规定披露业绩预告信息，而不符合强制披露的公司也可以自愿披露业绩预告信息。但是，业绩预告的披露时间和披露方式存在较大的选择空间，管理层可以对业绩预告的披露时间和披露方式进行策略性地选择。

一、管理层业绩预告策略：择时披露

管理层业绩预告的择时披露主要存在三大动机：资本市场动机、契约动机、规避诉讼风险动机（Hirst et al.，2008）。资本市场动机是指，管理层通过选择披露时点，以达到影响股价的目的；契约动机是指，契约具有时效性，因此，管理者会关注债务契约、报酬契约和政治契约对披露时间的影响；规避诉讼风险动机是指，诉讼风险增加可能会减少“好消息提前，坏消息延迟”的可能性。资本市场动机和契约动机更多地体现为一种机会主义动机，而规避诉讼风险动机主要体现为一种战略性披露动机。

大量研究表明，管理层会选择不同的时点披露好消息和坏消息。例如，吕里和帕斯泰纳（Lurie and Pastena，1974）发现，59%的好消息会选择在会计年度的上半年披露，而只有22%的坏消息选择在上半年披露。帕斯泰纳等（Pastena et al.，1979）也证明了好消息提前披露，坏消息推迟披露的假说。帕特尔和沃尔森（Patell and Wolfson，1982）证明了“好消息交易中，坏消息交易后”假说，当证券市场交易时，更可能释放好消息，而坏消息在证券市场交易结束后更频繁地出现。道尔和麦基尔克（Doyle and Magilke，2009）发现，好消息多数会在市场交易时间进行披露，坏消息则一般会选择延迟披露，从而在一定程度上减少坏消息带来的负面市场反应。西格尔和丹（Segal and Dan，2015）发现，管理层更可能选择在投资者注意力低的时候，发布坏消息或负面消息。选择交易关闭的时间或者周五作为投资者注意力低的时间，道尔和麦基尔克（Doyle and Magilke，2015）的研究证明，坏消息易于在证券市场关闭后以及星期五发布。德哈恩等（Dehaan et al.，2015）发现，管理层选择在证券市场交易日之后、繁忙的时候以及盈余被较少关注的情形下披露坏消息。米凯利等（Michaely et al.，2016）发现，最糟糕的盈余信息在星期五晚间公布。维森特和徐（Vicente and Xu，2017）发现，坏消息更为频繁地在夜间发布，因为此时信息中断引起的投资者注意力最小。除此之外，管理层会在购买股票前增加坏消息的业绩预告，来降低股票价格（Cheng and Lo，2006）。为了降低股票期权的行权价格，在股权激励授予日前披露坏消息（Aboody and Kasznik，2000），也会在股东大会前披露好消息，缓解股东压力（Dimirov and Jain，2011）；或者，为了最大化IPO前持股股东的减持收益，延迟披露坏消息（Ertimur et al.，2014）。

在中国资本市场也发现了业绩预告的择时披露策略。例如，公司倾向于在周六披露坏消息，且周末披露坏消息所引起的市场反应较小（谭伟强，2000）。盈余信息的好坏与年报披露时间负相关，好消息偏向提早披露，坏消息偏向更晚披露（程小可等，2004）。在近期研究中，张馨艺等（2012）基于2001～2008年A股公司业绩预告的样本，发现A股公司在业绩预告时存在择时披露的行为，好消息更倾向于在交易日披露，坏消息更倾向于在休息日披露；高管持股比例越高的公司，进行择时披露的可能性也越高。但市场在一定程度上能够识别择时披露策略，休息日披露的坏消息与交易日披露的坏消息没有显著差异，休息日披露的好消息反而会产生更加显著的正面市场反应。蔡宁（2012）以上市公司业绩预告前后的减持事件为研究对象，考察了大股东利用信息优势的内幕交易问题。该研究结果发现，大股东倾向于在业绩预告披露“坏消息”之前、

“好消息”之后出售股份；在业绩预告之前（后）出售股份时，业绩预告的利空（利好）程度越高，交易的规模越大。

鲁桂华等（2017）检验了在大股东减持前，中国A股上市公司自愿业绩预告的披露策略，结果发现，在大股东减持前，上市公司自愿发布积极业绩预告的概率更高；在大股东减持年度，上市公司更加频繁地披露积极业绩预告；并且，大股东减持前的自愿性积极业绩预告在更大程度上调高了投资者预期，大股东因此获得了更高的减持超额收益。以上证据表明，上市公司在大股东减持前发布的自愿性积极业绩预告，更大概率上出于大股东的私利。王英允等（2019）以中国A股2007年第一季度~2015年第四季度发布业绩预告的上市公司为样本，检验了投资者注意力对上市公司管理层业绩预告择机的治理作用。该研究结果表明，投资者注意力提高能显著促进管理层选择在交易日发布业绩预告，对上市公司管理层业绩预告择机具有积极监督作用；但是，在管理层对坏消息业绩预告择机中更显著地表现为过度压力作用，即更可能导致管理层选择在非交易日发布坏消息业绩预告。进一步检验发现，在公司投资者构成中机构投资者比例的提高，对投资者注意力的积极监督作用或过度压力作用具有显著的强化效应。

二、管理层业绩预告策略：披露方式

管理层业绩预告具有多种形式，具体可以分为点估计、区间估计和定性估计。管理层除了可以选择是否披露以及何时披露业绩预告外，还可以自主选择业绩预告的披露形式。斯金纳（Skinner，1994）发现，对于好消息，管理层倾向于发布精度较高的点估计和区间估计，而对于坏消息，则倾向于发布较为模糊的定性估计，从而规避诉讼风险。周晓苏和高敬忠（2009）基于2004年第一季度~2007年第四季度中国A股上市公司的业绩预告数据，发现随着公司财务风险的增加，管理层将会选择精确程度较低的预告形式、预告的偏差更大；坏消息相对于好消息，精确度更低、预告偏差更大。但是，罗杰斯和安德鲁（Rogers and Andrew，2009）的研究表明，诉讼风险的威慑改善了管理层的业绩预告质量，如自愿业绩预告频率的增加、预告精确性的提高等。

除了诉讼风险，公司治理也会影响管理层的业绩预告披露策略。高敬忠等（2011）实证检验了机构投资者对管理层业绩预告行为的影响，结果发现，随着机构投资者持股比例的增加，业绩预告精确性显著提高；相对于养老基金和保险类机构等机构投资者，银行、财务公司类机构以及一般基金类机构对管理层业绩预告披露的积极治理作用相对较强；但是，机构投资者持股比例的增加，也提高了管理层盈余预告的乐观态度倾向。袁振超等（2014）探讨了信息不对称对管理层业绩预告策略的影响，研究发现，代理成本越高，业绩预告的精确度越低。王浩和向显湖（2015）研究了中国上市公司高管权力、内部薪酬差距对公司业绩预告行为的影响，研究发现，随着内部薪酬差距的增大，业绩预告信息将更加不精确、更加保守，其决策有用性降低，体现为高管自利动机。程小可等（2017）以2013~2015年发布了管理层年度业绩预告信息的深圳证券交易所的上市公司为样本，采用4种不同类型的业绩预测方式测量业绩预告的精确度，结合业绩预告性质，考察机构投资者调研与管理层业绩预告披露方式之间的关系。该研究结果表明，机构投资者调研行为降低了管理层业绩预告的精确度，当业绩预测信息为好消息时，机构投资者调研越频繁的公司，管理层越倾向于采用精确的方式披露业绩预告；进一步检验发现，卖方机构调研对管理层业绩预告精确度的影响比买方机构更大，而在买方机构中，公募与私募的调研行为对管理层业绩预告精确度的影响并无显著差异。

也有文献从影响企业财务决策行为的最根本因素——公司战略来考察管理层的业绩预告行为。以 2006 ~ 2015 年中国 A 股上市公司管理层业绩预告为研究对象，王玉涛和段梦然（2019）从业绩预告自愿性披露、业绩预告精确性和业绩预告准确性三个方面，全面考察了企业战略对管理层业绩预告行为的影响。该研究结果发现，相比于防御型企业战略，采取进攻型企业战略的企业更可能自愿披露业绩预告；业绩预告的精确性更低，表现为管理层更倾向于发布较为模糊的区间估计和定性估计；业绩预告的预测误差更大，即业绩预告的准确性更低。以上研究结果表明，企业战略对管理层业绩预告行为具有显著影响，不同的企业战略类型，管理层会策略性地披露业绩预告信息，并且会自主选择业绩预告的形式。

三、盈余管理策略

盈余管理是指，企业管理层运用会计方法或者安排真实交易来改变财务报告，以误导利益相关者对公司业绩的理解或影响以报告盈余为基础的合约（Healy and Wahlen，1999）。主要的盈余管理行为有三类：（1）应计盈余管理，通过调整会计政策和会计估计来实现操纵目标，仅调整会计盈余在不同期间的划分，而不改变盈余总额和现金流量，会计部门通常能够独立完成，操纵成本较低。但其缺点在于，受制于操控限额，容易被审计师发现，且会导致未来短期收益的反向波动（Gunny，2005）。（2）真实盈余管理，通过真实经济活动来操控企业的销售、生产以及酌量性费用等损益类项目，诸如降低赊销门槛、为压低成本而盲目扩大生产规模、减少创新投资和广告支出等。其手段更为隐蔽，而且在短期内不会明显影响企业盈余，但是其需要生产、销售和财务等多个部门配合，操纵成本较高。同时，这些行为使企业偏离了最优经营活动，导致企业中长期价值和现金流下滑（Roychowdury，2006；Cohen and Zarowin，2010）。（3）分类转移，通过故意对核心盈余和非经常性损益进行错误分类，影响核心盈余（McVay，2006）。从概念上看，分类转移属于一种特殊的应计盈余管理，主要通过选择会计科目而非会计估计操纵核心盈余。

以上研究表明，上市公司盈余管理的动机主要包括：资本市场动机、基于会计数据的契约动机和迎合政府监管或规避政府监管的动机（政治成本假说）。

（一）资本市场动机

基于资本市场的盈余管理动机是指，由于会计信息被投资者和证券分析师们广泛应用于公司估值，公司内部人有可能通过操控盈余来达到影响股票价格的目的。相关文献主要从首次公开发行、增发配股、内部人减持、控股股东股权质押等视角，对资本市场动因的盈余管理行为展开了较为丰富的研究。

IPO行为是企业生命周期中最重要的事件之一，大量研究表明，为了取得上市资格并以更高的价格发行股票，IPO公司有着强烈的动机进行财务包装，以提高上市前的盈余水平。阿哈罗尼等（Aharony et al.，1993）、林舒和魏明海（2000）发现，IPO公司存在一定的应计盈余管理行为。达拉夫和兰根（Darrough and Rangan，2005）发现IPO公司存在真实盈余管理行为，即IPO公司在IPO当年将通过削减研发费用来提高报告期收入。刘烨和吕长江（2015）运用案例研究法分析了某公司IPO前的盈余管理行为，发现某公司在IPO前同时采用了应计盈余管理和真实盈余管理策略，具体路径包括放宽信用政策提前确认收入、缩减各项费用提高利润和关联交易降低产品成本等方式。以上盈余管理行为使公司偏离正常经营活动，并会对公司未来发展与规划造成不利影响。祁怀锦和黄有为

（2016）研究了中国 IPO 公司应计盈余管理和真实盈余管理行为选择及不同市场间盈余管理行为的差异。该研究结果表明，应计盈余管理行为主要出现在 IPO 当年，真实盈余管理行为主要出现在 IPO 之后一年；创业板 IPO 公司在 IPO 当年的应计盈余管理行为以及 IPO 之后一年的真实盈余管理行为，均显著强于同期主板/中小板的 IPO 公司。柳建华等（2017）研究了券商声誉对 IPO 公司盈余管理行为的影响，结果表明，券商声誉越高，其所承销的 IPO 公司的盈余管理程度越大；高声誉券商纵容或协助 IPO 公司盈余管理的重要动因，在于获取更高的经济收益。

关于增发配股中的盈余管理策略，章卫东（2010）发现，中国上市公司定向增发新股的盈余管理方式与定向增发新股类型有关。当上市公司向其控股股东及其子公司定向增发新股时，为了降低发行价格以换取更多的股份，将进行负向盈余管理；当向其他机构投资者定向增发新股募集资金时，为了提高股票发行价格，将进行正向盈余管理。

关于内部人减持中的盈余管理策略，蔡宁和魏明海（2009）以股权分置改革后“大小非”减持中的盈余管理为研究对象，考察中国证券市场是否存在资本市场动因的盈余管理行为。该研究发现，在原非流通股股东所持股份解禁或减持之前的季度期间，公司的可操控应计利润显著为正；解禁或减持的规模越大，盈余管理程度也越强。以上结果表明，中国证券市场存在以配合减持为目的的盈余管理行为。章卫东等（2011）研究了定向增发股份解除锁定后，不同类型投资者的实际减持行为与上市公司盈余管理的关系，研究发现，为了推高二级市场的股票价格，上市公司在参与认购定向增发新股的投资者实际减持前都进行了正向的盈余管理。其中，关联股东实际减持前公司的正向盈余管理程度更高，而非关联股东的减持比例与盈余管理程度无显著关系，这表明上市公司利用盈余管理向关联股东输送利益的程度更高。

利用股权质押融资的控股股东在面临股价下跌时，也有动机通过操控盈余影响股价来缓解潜在的控制权转移风险。控股股东股权质押的上市公司存在盈余平滑动机（Huang and Xue，2016），更可能选择将开发支出资本化的会计政策（谢德仁等，2017）。控股股东股权质押的公司，更可能通过销售操纵、费用操纵以及生产操纵等真实盈余管理的手段来调高盈余，股权质押和真实盈余管理的正相关关联主要出现在非国有控股公司中，并且，控股股东股权质押融资的财务风险与公司真实盈余管理行为存在正相关关系（谢德仁，廖珂，2018）。

（二）契约动机

会计信息综合反映了企业的财务状况和经营成果，在债权人的贷款决策和高管报酬契约中发挥着重要作用。盈余管理的契约动机主要包括，债务契约动机和报酬契约动机。

1. 债务契约动机

债务契约动机是指，管理层有动机通过盈余管理行为来调整会计业绩，以获得银行信贷资金或者降低债务违约风险。关于盈余管理的债务契约动机，马永强等（2014）发现，企业通过正向盈余管理获取了更多的信贷资源。邓路等（2019）研究了公司在获得一定的银行借款后是否会继续进行盈余管理以获得超额银行借款，结果显示，公司在拥有能满足正常经营所需的银行借款后，依然会通过盈余管理行为获得更多的超额银行借款。随着金融市场化程度的提高，公司进行应计盈余管理的难度加大，应计盈余管理与公司超额银行借款之间的正相关关系减弱。同时，公司会选择进行更多的真实盈余管理行为，真实盈余管理与公司超额银行借款正相关关系逐渐增强。以上研究均表明，商业银行对于公司盈余管理的识别能力有待提高。

2. 报酬契约动机

报酬契约动机是指，会计利润普遍被用来衡量经理人行为和努力程度，是高管报酬契约的业绩评价基础，薪酬与业绩挂钩使企业高管有动机操纵会计盈余（Healy，1985）。作为一种长期薪酬激励契约，股权激励往往会诱发高管的盈余管理行为。

用 CEO 报酬与公司股价之间的敏感度来度量股权激励，伯格勒斯和菲利蓬（Bergstresser and Philippon，2006）研究发现，股权激励与操控性应计利润之间呈现正相关关系。程和沃菲尔德（Cheng and Warfield，2005）发现，具有高股权激励的 CEO 使用更多的异常应计利润、更可能报告满足或刚刚达到分析师预测的盈余数字。围绕股票期权授予、行权、撤销和重新再发行等环节可能存在的旨在影响股价的盈余管理行为，贝克等（2003）研究发现，在股票期权授予日期前，为了降低股票期权的执行价格，CEO 采取了减少收入的操控性应计盈余管理行为。科尔斯等（Coles et al.，2006）研究发现，在股票期权计划被撤销到重新再发布这段时期内，样本公司存在异常低的操控性应计利润，这说明管理层会利用股票期权撤销和重新再发行进行应计盈余管理以获取于己有利的股价。为了限制股权激励导致的盈余管理行为，很多公司采用薪酬追回政策——授权董事会追回基于错报财务报告支付的高管薪酬。薪酬追回政策提高了应计盈余管理的成本，因而有助于降低应计盈余管理程度，但意外诱发了真实活动盈余管理（Chan et al.，2015）。

虽然股权激励制度在中国上市公司中推广较晚，但高管运用盈余管理策略最大化自身薪酬利益的现象备受理论界的关注。肖淑芳等（2009）、杨慧辉等（2012）研究了股权激励计划披露日、行权日和出售日前的盈余管理策略，发现股权披露日以及行权日前管理层进行了负向的应计盈余管理，在激励所获股权出售日前则主要进行了调高盈余的真实活动盈余管理。

基于股权激励契约中的行权业绩数据，肖淑芳等（2013）发现，股权激励是诱发盈余管理的直接动因，为了降低基期业绩、提高行权达标的概率，高管采取了降低盈余的真实活动盈余管理策略。刘银国等（2018）发现，相对于实施“非激励性”股权激励计划的公司，实施“激励性”股权激励计划的公司进行真实盈余管理的程度更大；上市公司股权激励计划所设定的行权业绩条件，相对于公司过去实际业绩水平越严格的，管理层进行真实盈余管理的程度越大；为了达到行权业绩条件，上市公司管理层会综合使用真实盈余管理和应计盈余管理。谢德仁等（2018）发现，实施股权激励计划的上市公司存在明显的行权业绩条件“踩线”达标现象；行权业绩条件“踩线”达标的股权激励公司的真实盈余管理程度显著高于其他股权激励公司，这些“踩线”达标公司存在更少的正向应计盈余管理和更高的负向应计盈余管理。以上结果表明，真实盈余管理是“踩线”达标公司达成股权激励行权业绩条件的关键手段，其同时还通过应计盈余管理为后续业绩考核期间储备利润。

基于股权激励契约的其他要素，例如，股权激励方式、行权时间限制等，刘宝华等（2016）考察了股权激励公司的盈余管理优序决策问题，发现分类转移、应计盈余管理和真实活动盈余管理的优序因高管所持权益类型的不同存在显著差异。持有处于行权限制期限内的期权和限制性股票的高管最偏好分类转移，之后为应计盈余管理，最后是选择真实活动盈余管理；而持有可行权期权和非限制性股票的高管最偏好应计盈余管理，之后分类转移，最后是选择真实活动盈余管理。实证结果表明，在股权激励情境下，分类转移的主要功能是，帮助高管达到股权激励行权考核业绩条件和抬高股价，应计盈余管理则主要用于抬高股价，真实活动盈余管理由于损害公司长期业绩成为最后的选择。李星辰和姜英兵（2018）发现，股权激励会促进高管进行分类转移；相比股票期权激励，实行限制性股票激励的高管分类转移程度更强；作为股权激励方案中的时间约束要素，股权激励有效期并不能有效地抑制高管的分类转移行为；相反，激励有效期越长，高管的分类转移程度越强。

（三）政治成本假说

政治成本是指，企业因潜在的不利政治活动加诸企业的政治成本（Watts and Zimmerman，1978），这些政治活动包括反垄断、行业管制、补贴和关税等。为了降低政治成本，企业有动机改变会计政策、调整盈余来规避政府和公众的监督，获得政府和公众的支持（Jones，1991）。自瓦茨和齐默尔曼（Watts and Zimmerman，1978，1986）提出会计选择的政治成本假说以来，该领域的研究进展大致可以分为三个阶段（叶青等，2012；刘运国，刘梦宁，2015）。第一阶段，研究主要集中于验证规模假说，考察企业规模和会计盈余数据的关系。由于存在严重的内生性问题，规模假说对政治成本假说的简单替代并没有得到实证的一致支持，也受到了理论上的诸多诟病（Watts and Zimmerman，1986）。第二阶段的研究，聚焦于特定事件（如反垄断调查、征收暴利税、进口救济、环境污染等），有针对性地考察了与特定事件相关的某类政治成本的变化对企业会计信息生产过程的影响（Cahan，1992；Jones，1991；Key，1997）。第三阶段的研究则是，通过寻找更普遍的外生情境来进一步丰富和拓展政治成本假说理论。比如，拉曼娜和罗伊乔杜里（Ramanna and Roychowdhury，2010）借助2004年美国大选的情境，检验了政商关联公司的盈余管理行为，发现为了保护关联政客在大选期间免受公众指责、维护自身政商关联的价值，政商关联公司采取了负向的盈余管理策略。而被欧盟委员会理事总署进行一般性竞争调查的公司为了消除垄断收益，在此后也会进行显著的负向盈余管理（Königsgraber and Windisch，2014）。

针对中国资本市场，张晓东（2008）研究发现，出于规避政治成本的需要，在2005～2006年油价飙升阶段，石化行业公司具有调减利润的盈余管理行为。叶青等（2012）利用上市公司实际控制人首次登上“胡润百富榜”这一具有自然实验性质的事件，实证考察了上榜引起的政治成本上升对于公司会计信息质量的影响。该研究发现，与上榜前相比，富豪公司在上榜之后将理性地选择“低调”行事，通过降低会计信息质量，尽量规避或减轻公众关注所带来的政治成本；并且，这种下降在具有原罪嫌疑因而政治成本上升更为剧烈的企业中表现得尤为明显。该研究表明，公众负面关注的压力与追溯企业家原罪的威胁，也可能是构成企业的政治成本的来源。刘运国和刘梦宁（2015）利用2011年底“PM2.5爆表”这一具有自然实验性质的外生事件，实证检验了政治成本对于重污染企业盈余管理的影响。该研究结果发现，在“PM2.5爆表”事件后，相比于非重污染企业，重污染企业进行了显著向下的盈余管理。

四、盈余管理的影响因素

近期文献主要从制度和文化、行业环境以及微观层面的公司战略、股东退出威胁、高管道德品行和心理特征等视角，探讨企业盈余管理的影响因素。

（一）制度与文化

盈余信息是公司信息的主要来源，在资本市场资源配置和投资者保护中发挥着重要作用。但是，盈余质量及其在投资者保护中的作用机制，不可避免地受到国家层面制度因素的影响。洛茨等（Leuz et al.，2003）研究了世界上31个国家上市公司的盈余管理程度，发现法律对投资者的保护限制了公司内部人攫取控制权私人收益的动机和能力，进而降低了企业的盈余管理程度。关等（Guan et al.，2005）首次将文化作为盈余管理的影响因素，运用亚太地区5个国家公司层面的盈余管理指标发现，个人主义与正向的盈余管理显著正相关，不确定性规避与向下的盈余管理显著正相关。韩等（Han et al.，2010）在控制了投资者保护指数后，发现个人主义会显著增加正向盈余管理或负向盈余管理，不确定性规避则会显著减少这两种类型的盈余管理。并且，制度因素会加强或减弱特定文化维度对盈余管理的影响。

中文文献也探讨了法律保护等正式制度、社会资本和宗教传统等非正式制度对企业盈余管理的影响。潘越等（2010）基于中国各省区市社会资本水平（包括诚信、道德、社会规范等非正式制度）的差异，发现在社会资本水平较高的省区市，上市公司更不可能进行IPO盈余管理；而且，社会资本与法律保护在公司IPO盈余管理决策中所起的作用是可替代的，即在中国法律保护比较薄弱的地区，社会资本对IPO盈余管理行为的约束作用更加显著。陈冬华等（2013）从宗教传统这一非正式制度视角发现，上市公司所在地的宗教传统能够显著抑制上市公司的盈余管理，且这种关系在法律制度较高的地区更为明显，表明法律制度这一正式制度与宗教传统这一非正式制度在抑制公司的盈余管理上存在一定的互补关系。姜付秀等（2015）发现，以“诚信”作为企业文化的企业，其盈余管理水平更低；无论是对于正向盈余管理还是负向盈余管理，“诚信”都能发挥一定程度的抑制作用。赵龙凯等（2016）利用2005～2007年在中国经营的合资企业数据，探讨了国家文化对企业盈余管理的影响。在控制了不同国家经营环境差异的影响之后，他们发现出资国个人主义更强的合资企业倾向于更多地进行向上盈余管理和向下盈余管理；出资国不确定性规避更强的合资企业，更多地进行向下的盈余管理；上述影响在外资绝对控股公司更显著。陈克兢等（2016）探讨了制度环境在上市公司盈余管理策略转变中发挥的作用，发现随着市场化进程不断推进和制度环境不断改善，为了逃避监管，上市公司的盈余管理策略逐渐由应计盈余管理向真实盈余管理转变。

此外，有文献利用最低工资政策变动、退市制度变革、业绩考核制度以及财政“省直管县”改革等“准自然实验”事件，深入探讨了制度对企业盈余管理行为的影响。陆瑶等（2017）发现，最低工资水平的升高会显著提高上市公司的应计盈余管理水平和真实盈余管理水平，这是因为最低工资上调会显著增加企业的劳动力成本，但是不能增加企业的收入，因此，降低了企业的账面利润，从而提高了其进行盈余管理的动机。在劳动力缺乏的地区、劳动力密集程度高的公司、向产品市场转嫁成本能力低的公司，最低工资对盈余管理的影响更强。许文静等（2018）检验了中国2012年的退市制度变革对公司盈余管理行为的治理效应，研究发现，退市制度变革没有显著地降低触及退市新规公司的应计盈余管理行为，但通过降低生产操控和费用操控显著抑制了其真实盈余管理行为。从退市细化指标来看，净利润仍是公司主要触及的退市指标，也是影响公司盈余管理行为的主要因素。何威风等（2019）基于国有企业业绩考核制度演变背景，利用中央企业实施经济附加值（EVA）考核的自然事件，研究了业绩考核制度对企业盈余管理行为的影响。该研究发现，EVA考核制度对企业的盈余管理策略有显著影响。李广众和贾凡胜（2019）以1998~2006年中国工业企业为样本，以财政“省直管县”改革为自然实验，从企业盈余管理的角度对此进行了考察。该研究发现，财政“省直管县”改革能够显著抑制县辖区内企业的盈余管理行为，并且仅对具有征管权限的企业发挥作用；当县级政府财政状况较差且税基较大时，财政“省直管县”对辖区内企业盈余管理行为的抑制作用更强，表明财政“省直管县”改革能够激励县级政府加强税收征管，进而改善辖区内企业的盈余质量。

（二）行业环境

公司所处的行业环境，如行业景气度、行业竞争压力等，也会影响企业的盈余管理行为。

陈武朝（2013）发现，经济周期和行业景气度将影响企业的盈余管理行为，具体而言，无论在经济收缩期还是经济扩张期，盈余管理程度都在行业景气度高时，大于在行业景气度低时；盈余管理程度在经济收缩期且行业景气度低（高）时，大于在经济扩张期且行业景气度低（高）时。刘玉玉和唐嘉尉（2017）发现，行业景气度及其波动性会对企业的盈余管理行为产生重要的影响，行业景气度与应计盈余管理程度显著正相关；行业景气度波动性越大，企业越倾向于进行正向应计盈余管理，减少负向应计盈余管理；同时，行业景气度及其波动性对企业盈余管理的影响会产生叠加，行业景气度波动性显著增强了行业景气度与正向应计盈余管理的正相关关系。

上市公司也可能因为行业竞争压力进行盈余管理。马卡里安和桑塔洛（Markarian and Santalo，2014）研究了产品市场竞争与盈余管理的关系，发现产品市场竞争与应计盈余管理程度和真实盈余管理均显著正相关。廖和林（Liao and Lin，2016）检验了股票回购中市场竞争对盈余管理的影响，发现相对于所在行业竞争程度低的公司，所在行业竞争程度高的公司其向下的应计盈余较小、真实盈余管理也较少。温日光和汪剑锋（2018）认为，投资者在进行投资决策时，不仅关注所投资上市公司的盈余信息，还会关注同行业上市公司的盈余信息并进行对比分析。基于投资者的这种投资决策行为，如果在业绩预告中的业绩比行业平均水平差，那么，上市公司会感知到行业竞争压力。在此压力下，上市公司可能在披露年报盈余时调高原预告盈余。该实证结果表明，上市公司感知的行业竞争压力与公司盈余的上调幅度正相关。

（三）微观公司层面

除了宏观层面的制度和文化、中观层面的行业环境会影响企业的盈余管理策略，微观企业的公司治理特征（股权结构、董事会特征、内部控制程序和高管股权激励等）也会对企业的盈余管理产生影响。最近的研究多聚焦于分析公司战略、股东的退出威胁、高管的道德品行及心理特征与企业盈余管理的关系。

公司战略对企业的财务报告质量和盈余管理行为具有重要的影响。迪切夫等（Dichev et al.，2013）对169位上市公司的CFO进行了问卷调查，发现企业的商业模式或战略是影响盈余质量的首要因素。宾特利等（Bentley et al.，2013）以美国上市公司为样本，研究了企业战略定位与财务报告违规之间的关系，发现采用探索型战略的公司财务报告违规的概率，显著高于采用防御型战略的公司。叶康涛等（2015）考察了公司战略差异度对其盈余管理行为选择的影响，研究发现，企业战略差异度与会计应计项目盈余管理正相关，与真实活动盈余管理负相关；在国际“四大”会计师事务所审计的企业中，战略差异度对应计项目盈余管理的正向作用有所减弱。孙健等（2016）研究发现，公司战略对盈余管理有显著影响，相对于战略保守的公司，战略激进的公司盈余管理程度更高；公司战略可以通过融资需求进而影响盈余管理。进一步分析发现，在经济上升期，战略对盈余管理的影响较强；在经济下降期，战略对盈余管理的影响则较弱。

陈克兢（2018）将社会心理学的“威胁”概念引入公司治理

研究框架中，以2007～2015年中国沪深A股17 080个观察样本为研究对象，检验了外部大股东的退出威胁对上市公司盈余管理的治理作用。该研究发现，外部大股东退出威胁的“治理假说”成立，即退出威胁可以有效地约束企业的盈余管理行为，而且，这一治理效应在可卖空的企业及股价财富敏感性较高及市值管理敏感性较高的企业中更加显著。

高管的道德品行和心理因素，也会影响企业的盈余管理行为。陈冬华等（2018）从高管行为惯性或内在德行品性的角度，解释了公司盈余管理水平的差异性。该文献选择曾在两家上市公司担任过高管（指董事长或总经理）的个人样本，计算其在每一家公司任职时公司操控性应计水平的平均值，通过检验两个公司之间操控性应计水平的相关性，来考察盈余管理是否会受高管个人道德品性的影响。该实证研究结果发现，具有相同高管的公司之间盈余管理水平具有显著正相关关系，不具有相同高管的配对公司之间，操控性应计水平也不再具有显著的正相关关系；当高管由治理好的样本公司变更到治理差的样本公司时，以及当高管由治理差的样本公司变更到治理好的样本公司时，先后任职公司之间的盈余管理整体上依然具有显著正相关关系。该研究结果表明，经理人的盈余管理行为惯性并非仅因为高管先后任职的公司具有相似的财务状况和治理环境，还受到高管个人持续的德行品性的影响。周美华等（2018）将高管的心理因素纳入公司治理框架进行分析，研究了CEO组织认同对盈余管理的影响。该研究结果发现，CEO组织认同对盈余管理有显著的影响，认同度越高，操控性和真实盈余管理程度越低。进一步研究发现，CEO组织认同和扭亏为盈的盈余管理呈显著正相关，在融资需求高和增发股票的公司中，CEO组织认同越高，正向的盈余管理越高。因此，高管的心理因素是一个重要的公司治理变量。

五、投资者情绪与企业信息披露策略

近期，外文文献开始关注市场层面的投资者情绪与微观企业信息披露策略的关系。罗基戈帕和席瓦库玛（Rajgopal and Shivakumar，2007）运用理性迎合理论，发现当投资者对正意外盈余的反应更加乐观时，管理层会通过操控会计应计项目来迎合投资者需求；当投资者对盈余信息持悲观态度时，管理层会采用更保守的财务报告披露策略。伯格曼和罗伊乔杜里（Bergman and Roychowdhury，2008）发现，当市场情绪低迷时，为了纠正投资者对未来的悲观预期，管理层会增加好消息的盈余预告；当市场情绪高涨时，为了维持投资者的乐观预期和高估的股价，管理层将保持沉默、减少发布长期盈余预告。布朗等（Brown et al.，2012）发现，管理层运用是否报告调整盈余（pro forma earnings）的信息披露策略迎合投资者受情绪驱动的业绩预期，当市场上投资者对未来业绩预期持乐观态度时，管理层采用调高利润的方法报告调整盈余。但是，赛贝特和杨（Seybert and Yang，2010）却发现，当投资者情绪乐观时，因为情绪驱动价值被高估的公司发布了更多的负面盈余预测信息。

显然，鲜有中文文献探讨投资者情绪与企业信息披露策略的关系，而相关外文文献并没有能够达成一致的研究结论。在中国资本市场，投资者情绪是否以及如何影响企业的信息披露策略？这是监管部门、学术界和实务界共同关注的重要问题。

第三章

投资者情绪、管理层业绩预告择时与市场反应

第一节　研究问题与研究假设

一、研究问题

投资者情绪是指，投资者对未来预期的系统性偏差。行为金融理论认为，投资者并非完全理性，资本市场上投资者高涨的情绪或低落的情绪会导致股票价格系统性地偏离其基础价值（Baker and Wurgler，2006），投资者情绪也会影响会计盈余信息的市场反应（Mian and Sankaraguruswamy，2012）。

管理层业绩预告因具有显著的市场效应而受到监管机构与投资者的关注。根据上海证券交易所和深圳证券交易所的规定，如果上市公司预亏或盈利大幅变动，应于次年 1 月 31 日前及时刊登业绩预告。这意味着，在截止日之前公司可自主决定披露时间，即管理层业绩预告的时机具有较大的选择空间。研究表明，为了影响股票定价、降低坏消息的负面反应，管理层更可能选择在休市时或周末

披露坏消息以降低投资者关注（Doyle and Magilke，2009；Segal and Dan，2015；Dehaan et al.，2015；Vicente and Xu，2017；张馨艺等，2012；王英允等，2019）。为了实现股票收益最大化，管理层策略性地选择了业绩预告披露时间（Aboody and Kasznik，2000；Dimirov and Jain，2011；Ertimur et al.，2014；蔡宁，2012；鲁桂华等，2017）。以上文献主要从微观企业视角考察管理层的业绩预告择时策略。

那么，在中国资本市场，宏观市场层面的投资者情绪是否影响以及如何影响管理层的业绩预告披露时间选择？不同情绪期间业绩预告的择时披露策略，是否有助于缓解坏消息的负面市场反应？这是本章需要研究解答的问题。

二、研究假设

（一）管理层业绩预告择时策略与市场反应

投资者“有限关注”假说认为，信息筛选和消化需要付出相当的时间和精力，而人的处理能力有限，因此，很难对所有信息都保持较高程度的关注（Kahneman，1973）。在股票市场上，有限关注表现为由于时间和精力的有限性，投资者不具备充分分析市场上所有股票信息的能力和精力。投资者在不同时段的注意力也存在明显差异，休市时注意力较为不集中，容易忽略该时段披露的信息，导致市场对所披露信息的反应不足（Dellavigna and Pollet，2009）。

坏消息将会给上市公司带来负面的市场反应。为了减少坏消息对公司的负面影响，管理层有动机策略性地选择披露时间、择时发布利空消息。已有研究表明，管理层更可能选择在投资者注意力低的时候发布坏消息（Segal and Dan，2015）。例如，坏消息易于在市场关闭后以及星期五发布（Doyle and Magilke，2015），管理层选择在市场交易日之后、繁忙的时候以及盈余被较少关注的情形下披露坏消息（Dehaan et al.，2015），最糟糕的盈余信息在星期五晚间公布（Michaely et al.，2016），坏消息更为频繁的在夜间发布（Vicente and Xu，2017），好消息更倾向于在交易日披露、坏消息更倾向于在休息日披露（张馨艺等，2012；王英允等，2019）。由于投资者关注程度较低时段披露的消息更容易被市场忽视，以上管理层的择时披露行为显著减少了坏消息对公司股价的负面反应（Michaely et al.，2016）。因此，我们提出以下假设：

假设3-1：管理层更可能选择在投资者注意力较低时，进行坏消息预告。

假设3-2：管理层的择时预告行为，将显著减少坏消息的负面市场反应。

（二）投资者情绪、管理层业绩预告择时行为与市场反应

投资者情绪是由投资者非理性以及有限纠错作用的套利引起的股票价格短期偏离股票基本价值甚至长期偏离股票基本价值的一种市场现象，可简要定义为投资者对股票市场总体乐观或总体悲观（Brown and Cliff，2004）。投资者情绪对股票价格的影响效应，主要表现在两个方面：情绪对于股票市场所产生的系统性影响即总体效应，以及情绪对不同股票的差异性影响即横截面效应。关于投资者情绪对股票价格的总体效应，研究发现，情绪与股票市场收益有很强的关联性，股票价格在情绪高涨时被高估，在情绪低迷时被低估，投资者在股票市场的超额收益与投资者情绪正相关（DeLong et al.，1990；Baker and Stein，2004）。关于投资者情绪对股票价格的横截面效应，主要体现在情绪对小市值股票、发行时间较短的股票、高波动率股票、非盈利股票、不分红股票、极端成长型股票这些难以估值和套利的股票影响更大（Baker and Wurgler，2006，

2007）。

投资者情绪也会影响市场对公司盈余信息的反应。米恩和桑卡拉古鲁斯瓦米（Mian and Sankaraguruswamy，2012）发现，股票市场对盈余公告、股利发放和股票分割等公司信息的反应与投资者情绪具有系统相关性，情绪乐观期股票价格对好消息的反应程度更高，情绪悲观期股票价格对于坏消息的负面反应程度更强烈，以上结果在那些难以估值和套利的股票中更显著。蒋玉梅和王明照（2010）以沪深 A 股上市公司为研究样本，检验了投资者情绪对盈余信息市场反应的影响。该研究发现，在乐观情绪周期，好消息（未预期盈余为正）的市场反应更加积极，坏消息（未预期盈余为负）的市场反应更加消极；而在悲观情绪周期时，市场对于好消息和坏消息的反应是不对称的，坏消息会给市场带来更大的负面冲击力。根据以上文献可以预期，相比投资者情绪乐观期，为了减少坏消息对公司带来更大的负面影响，管理层更可能选择在投资者情绪悲观期进行业绩预告择时披露。因此，我们提出以下假设：

假设 3－3：相比投资者情绪乐观期，管理层更可能选择在投资者情绪悲观期对坏消息进行择时披露。

假设 3－4：相比投资者情绪乐观期，管理层在情绪悲观期的择时预告行为将显著减少坏消息的负面市场反应。

第二节　研究设计

一、研究模型

为了检验本章的研究假设，我们构建了以下研究模型，具体见式（3－1）～式（3－4）。

$$
\begin{aligned}
TIMING_{i,t} = {} & \beta_0 + \beta_1 \times BNEWS_{i,t} + \beta_2 \times ROA_{i,t-1} + \beta_3 \times LEV_{i,t-1} \\
& + \beta_4 \times Size_{i,t-1} + \beta_5 \times Growth_{i,t-1} + \beta_6 \times LEV_{i,t-1} + \beta_7 \\
& \times ANA_{i,t-1} + \beta_8 \times LOSS_{i,t-1} + \beta_9 \times Top1_{i,t-1} + \beta_{10} \\
& \times NSOE_{i,t-1} + \beta_{11} \times Dual_{i,t-1} + \beta_{12} \times Indep\_Dir_{i,t-1} \\
& + \beta_{13} \times Mgt\_SH_{i,t-1} + \beta_{14} \times Inst\_SH_{i,t-1} + \beta_{15} \\
& \times fixed\_Effect_{i,t} + \varepsilon \qquad (3-1)
\end{aligned}
$$

$$
\begin{aligned}
TIMING_{i,t} = {} & \beta_0 + \beta_1 \times BNEWS_{i,t} + \beta_2 \times SENT_{i,t} + \beta_3 \times BNEWS_{i,t} \\
& \times SENT_{i,t} + \beta_4 \times ROA_{i,t-1} + \beta_5 \times LEV_{i,t-1} + \beta_6 \\
& \times Size_{i,t-1} + \beta_7 \times Growth_{i,t-1} + \beta_8 \times EV_{i,t-1} + \beta_9 \\
& \times ANA_{i,t-1} + \beta_{10} \times LOSS_{i,t-1} + \beta_{11} \times Top1_{i,t-1} + \beta_{12} \\
& \times NSOE_{i,t-1} + \beta_{13} \times Dual_{i,t-1} + \beta_{14} \times Indep\_Dir_{i,t-1} \\
& + \beta_{15} \times Mgt\_SH_{i,t-1} + \beta_{16} \times Inst\_SH_{i,t-1} + \beta_{17} \\
& \times fixed\_Effect_{i,t} + \varepsilon \qquad (3-2)
\end{aligned}
$$

$$
\begin{aligned}
CAR = {} & \beta_0 + \beta_1 \times BNEWS_{i,t} + \beta_2 \times ROA_{i,t-1} + \beta_3 \times LEV_{i,t-1} + \beta_4 \\
& \times Growth_{i,t-1} + \beta_5 \times Size_{i,t-1} + \beta_6 \times Beta_{i,t-1} + \beta_7 \times BM_{i,t-1} \\
& + \beta_8 \times fixed\_Effect_{i,t} + \varepsilon \qquad (3-3)
\end{aligned}
$$

$$
\begin{aligned}
CAR = {} & \beta_0 + \beta_1 \times BNEWS_{i,t} + \beta_2 \times TIMING_{i,t} + \beta_3 \times BNEWS_{i,t} \\
& \times TIMING_{i,t} + \beta_4 \times ROA_{i,t-1} + \beta_5 \times LEV_{i,t-1} + \beta_6 \\
& \times Growth_{i,t-1} + \beta_7 \times Size_{i,t-1} + \beta_8 \times Beta_{i,t-1} + \beta_9 \times BM_{i,t-1} \\
& + \beta_{10} \times fixed\_Effect_{i,t} + \varepsilon \qquad (3-4)
\end{aligned}
$$

式（3－1）和式（3－2）为二元逻辑回归模型，分别用于检验假设3－1和假设3－3。TIMING是管理层业绩预告择时的虚拟变量，BNEWS代表坏消息的业绩预告，SENT是投资者情绪的代理变量。若假设3－1成立，即管理层更可能选择在投资者注意力较低时，进行坏消息预告，则式（3－1）中的回归系数 β_1 应该显著为正；若假设3－3成立，即相比投资者情绪乐观期，管理层更可能选择在投资者情绪悲观期对坏消息进行择时披露，则式（3－2）中

的回归系数 β_3 应该显著为负。

式（3－3）和式（3－4）为多元回归模型，式（3－3）为坏消息市场反应的基本模型，式（3－4）用于检验假设 3－2 和假设 3－4。其中，CAR 为股票的累计异常收益，本章以管理层业绩预告公告日为事件日，构造了（－1，1）（－2，2）（－5，5）等时间窗口对假设 3－2 和假设 3－4 进行检验。若假设 3－2 成立，即管理层的择时预告行为，将显著减少坏消息的负面市场反应，则式（3－4）中的回归系数 β_3 应该显著为正。进一步的，我们将以投资者情绪为分组变量，将样本分为情绪乐观期和情绪悲观期，通过分组回归分析对假设 3－4 进行实证检验。

二、变量定义

（一）业绩预告择时（TIMING）与消息性质（BNEWS）

中国证券监管部门强制推行业绩预告制度。根据《上海证券交易所股票上市规则》（2006 年修订）和《深圳证券交易所股票上市规则》（2006 年修订）的相关规定，上市公司亏损、扭亏、业绩较上年同期发生大幅度变动（大于或等于 50%）时，需要提前以临时公告的形式进行业绩预告；并且，业绩预告公告的刊登时间最迟不得晚于该报告期结束后一个月。此后，上海证券交易所和深圳证券交易所分别对《上海证券交易所股票上市规则》和《深圳证券交易所股票上市规则》进行了多次修订，但是，关于业绩预告披露规则基本保持不变。例如，根据《上海证券交易所股票上市规则》（2018 年修订）的规定，上市公司预计年度净利润为负、净利润与上年同期相比上升或者下降 50% 以上、实现扭亏为盈时，应当在会计年度结束后一个月内进行业绩预告；预计中期业绩和第三季度业绩出现亏损、与上年同期相比上升或者下降 50% 以上、实现扭亏为盈时，可以进行业绩预告。[①] 根据《深圳证券交易所股票上市规则》（2018 年修订）的规定，上市公司预计全年度、半年度、前三季度净利润为负值、净利润与上年同期相比上升或者下降 50% 以上、实现扭亏为盈时，应当及时进行业绩预告。[②] 尽管我国的业绩预告制度具有一定强制性，但是，管理层可以自主决定披露时间。

已有研究发现，上市公司在选择业绩预告披露时机时，倾向于在投资者关注程度较低的时间，如周一、周五、周六公布坏消息，而周一的择时效应较弱，周五、周六的择时效应较强（Penman，1987；Dellavigna and Pollet，2009；谭伟强，2008；权小峰，吴世农，2010）。参考现有文献，我们构建了管理层业绩预告的择时变量 TIMING，当业绩预告的披露时间为周一、周五、周六时，TIMING 取值为 1；当业绩预告在其他时间披露时，TIMING 取值为 0。在稳健性检验中，我们将周五、周六视为投资者注意力较低的时间，重新构建了业绩预告择时变量，主要研究结论保持不变。

关于消息性质，我们根据管理层业绩预告的预警类型，设置了虚拟变量 BNEWS，当预警类型为首亏或预减时为坏消息，BNEWS 取值为 1；当预警类型为扭亏或预增时为好消息，BNEWS 取值为 0。

（二）市场反应（CAR）

我们采用累计超额收益率度量业绩预告消息的市场反应。在计算累计超额收益率时，一般有三种不同的方法，即市场调整法、市场模型法和均值调整法。与市场模型法和均值调整法相比，市场调整法计算更为简便、易于理解，且可以避免贝塔系数估计的不确定性造成的影响。因此，本章采用市场调整法来计算累计超额收

① 资料来源：上海证券交易所官方网站：http：//www. sse. com. cn。
② 资料来源：深圳证券交易所官方网站：http：//www. szse. cn。

益率。

$$CAR_i(t_1, t_n) = \sum_{t=1}^{n} AR_{i,t} = \sum_{t=1}^{n} (R_{i,t} - R_{m,t}) \quad (3-5)$$

在式（3－5）中，CAR_i（t_1，t_n）为股票 i 在考察窗口期（t_1，t_n）内的累计超额收益率，$AR_{i,t}$为股票 i 在第 t 日的异常收益，$R_{i,t}$为股票 i 在第 t 日的实际收益率，$R_{m,t}$为第 t 日以沪深两市 A 股流通市值加权平均的市场收益率。我们以管理层业绩预告公告日为事件日，以事件日前后一天、两天和五天构造时间窗口（－1，1）（－2，2）（－5，5），分别计算累计超额收益率。

（三）投资者情绪（SENT）

近期外文文献主要选取换手率、封闭式基金折价率、IPO 数量、IPO 首日收益率和股票发行/债券发行比例等情绪代理变量，采用主成分分析法构建投资者情绪复合指数（Baker and Wurgler，2006）。中文文献主要采用封闭式基金折价率、换手率、IPO 首日发行量和 IPO 首日超额收益率等情绪代理变量，构建复合情绪指标。此外，股票牛市行情的形成与直接参与股票市场人数的急剧上升是一致的，特别对处于快速发展期的中国股票市场，每月新增开户数代表了场外投资者对证券的需求程度和参与程度，从而可以反映投资者情绪（易志高和茅宁，2009）。因此，参考已有中外文文献，我们选取封闭式基金折价率（CEFD）、IPO 募集资金数量（NIPO）、IPO 首日收益率（RIPO）、新增投资者开户数（ACCOUNT）和市场换手率（TURN）等情绪代理变量，利用主成分分析法构建了投资者情绪复合指标。其中，封闭式基金折价率（CEFD）为每月最后一个交易日所有参与交易的封闭式基金的净值加权平均折价率；IPO 募集资金数量（NIPO）为每月首次公开发行募集资金数量；IPO 首日收益率（RIPO）等于月度内所有上市新股按价值加权的首日收益率；新增开户数为投资者月新开户数（AC-

COUNT)；市场换手率（TURN）等于沪深两市各月的成交金额与市场流通市值的比值。在2005年1月~2011年3月，中国A股市场有20个月没有发行新股，对于IPO相关数据中的缺失值以前12个月的平均值代替。

由于投资者情绪指标中可能包含宏观经济基本面成分或理性预期成分（Baker and Wurgler，2006），为了剔除宏观经济因素的影响，我们选取居民消费价格指数、消费者信心指数和宏观经济景气指数作为宏观经济基本面的代理变量，将以上投资者情绪指标分别与宏观经济基本面代理变量做正交处理，提取残差作为新情绪指标。并对其标准化处理消除量纲后进行主成分分析，提取了第一主成分、第二主成分和第三主成分，所提取的三个主成分合计累计方差解释率为81.44%，由此构建了以下投资者情绪复合指数：

$$\begin{aligned} SENT = & 0.193 \times CEFD + 0.204 \times NIPO + 0.194 \times RIPO \\ & + 0.186 \times ACCOUNT + 0.226 \times TURN \end{aligned} \tag{3-6}$$

上证综指在一定程度上能够反映投资者情绪，为保证所构建的情绪复合指数能够较好地反映现实情况，我们利用上证综指对所建立的情绪指数进行了检验。在表3-1中，SSE_{t-1}为第t-1期的上证综指，$SENT_{t-1}$为第t-1期的投资者情绪复合指数。根据回归结果，投资者情绪复合指数与上证综指显著正相关，拟合程度高达90%以上，为投资者情绪指数的有效性提供了支持。

表3-1　　投资者情绪综合指数拟合程度回归结果

变量	系数	T统计量	P统计量
Constant	250.833***	2.663	0.009
$SENT_{t-1}$	97.134**	2.295	0.024
SSE_{t-1}	0.897***	23.244	0.000
Adj_R^2	0.937	F统计量	755.888***

注：***、**、*分别代表1%、5%、10%的显著性水平。

资料来源：万得（Wind）数据库和国泰安（CSMAR）数据库。

进一步，本章将得到的投资者情绪复合指数标准化后，将指数数值大于0的定义为乐观情绪，并赋值为1；数值小于0的定义为悲观情绪，并赋值为0，得到投资者情绪综合指数的虚拟变量。

（四）控制变量

参考已有文献，我们控制了影响管理层业绩预告择时和盈余信息市场反应的公司财务特征和治理机制等变量。具体包括：（1）盈利能力（ROA）；（2）资产负债率（LEV）；（3）公司规模（Size），等于公司总资产的自然对数；（4）主营业务收入增长率（Growth）；（5）系统性风险（Beta），运用市场模型回归；（6）账面市值比（BM），等于公司每股净资产账面价值/当期股价；（7）盈余波动性（EV），前四个季度总资产收益率的标准差，以此反映公司盈利质量和稳定性；（8）机构跟踪数（ANA），跟踪个股的机构数；（9）公司是否亏损（LOSS），以虚拟变量表示，当期业绩亏损公司设定为1，否则为0；（10）第一大股东持股比例（TOP1）；（11）产权性质（NSOE），以虚拟变量表示，非国家控股公司设定为1，否则为0；（12）董事会领导权结构（DUAL），以虚拟变量表示，董事长和总经理两职合一设定为1，否则为0；（13）董事会独立性（Indep_Dir），董事会中独立董事占比；（14）高管持股比例（Mgt_SH），管理层持股占该公司流通股的比例；（15）机构投资者持股比例（Inst_SH），机构投资者持股占该公司流通股的比例；（16）固定效应（Fixed_Effect），控制行业和时间等固定效应。变量名称、变量符号和具体定义，见表3-2。

表3-2　变量定义

变量名称	变量符号	变量定义
业绩预告择时	TIMING	管理层在周一、周五、周六公布业绩预告，TIMING=1；否则TIMING=0
消息性质	BNEWS	当业绩预告为首亏或预减等坏消息时，BNEWS=1；当业绩预告为扭亏或预增等好消息时，BNEWS=0

续表

<table>
<tr><th colspan="2">变量名称</th><th>变量符号</th><th>变量定义</th></tr>
<tr><td colspan="2">投资者情绪</td><td>SENT</td><td>采用主成分分析法构建的投资者情绪复合指数</td></tr>
<tr><td colspan="2">市场反应</td><td>CAR</td><td>股票 i 在考察窗口期（t_1，t_n）内的累计异常收益</td></tr>
<tr><td colspan="2">总资产收益率</td><td>ROA</td><td>当期净利润/平均总资产</td></tr>
<tr><td colspan="2">财务杠杆</td><td>LEV</td><td>总负债/总资产</td></tr>
<tr><td colspan="2">公司规模</td><td>Size</td><td>公司总资产的自然对数</td></tr>
<tr><td colspan="2">成长性</td><td>Growth</td><td>（本年营业收入－上年营业收入）/上年营业收入</td></tr>
<tr><td colspan="2">系统性风险</td><td>Beta</td><td>运用市场模型回归</td></tr>
<tr><td colspan="2">账面市值比</td><td>BM</td><td>公司每股净资产账面价值/当期股价</td></tr>
<tr><td colspan="2">盈余波动性</td><td>EV</td><td>前四个季度总资产收益率的标准差，以此反映公司盈利质量和稳定性</td></tr>
<tr><td colspan="2">跟踪机构数</td><td>ANA</td><td>个股的机构跟踪数量</td></tr>
<tr><td colspan="2">发生亏损</td><td>LOSS</td><td>该变量为虚拟变量，如果公司当季净利润为负，则 LOSS = 1；否则 LOSS = 0</td></tr>
<tr><td colspan="2">第一大股东持股比例</td><td>TOP1</td><td>第一大股东持股占该公司流通股的比例</td></tr>
<tr><td colspan="2">产权性质</td><td>NSOE</td><td>该变量为虚拟变量，如果公司为非国有企业，NSOE = 1；否则 NSOE = 0</td></tr>
<tr><td colspan="2">两职合一</td><td>DUAL</td><td>该变量为虚拟变量，如果公司首席执行官兼任董事长，则 DUAL = 1；否则 DUAL = 0</td></tr>
<tr><td colspan="2">董事会独立性</td><td>Indep_Dir</td><td>独立董事人数占董事会人数的比例</td></tr>
<tr><td colspan="2">高管持股比例</td><td>Mgt_SH</td><td>管理层持股占该公司流通股的比例</td></tr>
<tr><td colspan="2">机构持股比例</td><td>Inst_SH</td><td>机构投资者持股占该公司流通股的比例</td></tr>
<tr><td rowspan="2">固定效应</td><td>行业虚拟变量</td><td>Industry</td><td>根据中国证监会 2001 年颁布的《上市公司行业分类指引》，我们设置了 11 个行业虚拟变量</td></tr>
<tr><td>时间虚拟变量</td><td>Quarter</td><td>根据样本季度数据期间，设置 27 个季度虚拟变量</td></tr>
</table>

三、样本选择与数据来源

本章选取 2005 年第一季度～2011 年第四季度在上海证券交易所和深圳证券交易所上市的所有 A 股主板公司作为研究对象，以其披露的管理层业绩预告为初始研究样本，构建公司—时间（以季度为基础）数据面板。在此基础上，我们对研究样本进行了以下筛选：（1）剔除了金融行业的上市公司和数据缺失的样本；（2）为了防止多份业绩预告之间彼此影响干扰市场反应，剔除了同一季度发布多份业绩预告的公司，仅选择在一个季度内披露一份业绩预告的样本；（3）部分上市公司的业绩预告披露存在惯性现象，很难准确判断管理层业绩预告的时间选择是遵循惯性规律还是具备择时动机。为了防止披露惯性对研究问题的干扰，我们删除了存在披露惯性的样本公司。此外，为了消除极端值的影响，将所有连续型变量分别进行排序，并将处于0～1%区间和99%～100%区间的极端值进行缩尾处理。经过以上筛选，最终得到4 803个观测值。

本章的管理层业绩预告数据来自万得（WIND）数据库，个股交易数据、构建投资者复合指数情绪所用数据、公司基本特征数据、公司内部治理机制数据等，均来自深圳国泰安（CSMAR）数据库和锐思（RESSET）数据库。

第三节　实证检验结果与分析

一、描述性统计

表3－3是管理层业绩预告披露择时的描述性统计结果。可以发现，在全样本4 803家公司中，业绩预告为坏消息的公司有1 546家；业绩预告为好消息的公司有3 257家。45.08%的公司选择在投资者关注较低的周一、周五或者周六披露业绩预告，54.92%的公司选择在投资者关注较高的周二、周三或者周四披露业绩预告。其中，48.77%的坏消息、43.32%的好消息选择在投资者关注较低时披露，51.23%的坏消息、56.68%的好消息选择在投资者关注较高时披露。相比披露好消息，管理层更可能选择在投资者关注较低时

披露坏消息。

关于不同情绪期的披露策略，在投资者情绪悲观期，54.59%的坏消息、44.84%的好消息在投资者关注较低时披露，45.41%的坏消息、55.16%的好消息在投资者关注较高时披露。在投资者情绪乐观期，44.63%的坏消息、41.91%的好消息在投资者关注较低时披露，55.37%的坏消息、58.09%的好消息在投资者关注较高时披露。管理层更倾向于在投资者情绪悲观期对坏消息进行择时披露。

表3-3　管理层业绩预告披露择时

Panel A：全样本					
	样本数（个）	投资者关注较低（TIMING=1）		投资者关注较高（TIMING=0）	
		数量（个）	占比（%）	数量（个）	占比（%）
全样本	4 803	2 165	45.08	2 638	54.92
坏消息（BNEWS=1）	1 546	754	48.77	792	51.23
好消息（BNEWS=0）	3 257	1 411	43.32	1 846	56.68
Panel B：投资者情绪悲观期					
	样本数（个）	投资者关注较低（TIMING=1）		投资者关注较高（TIMING=0）	
		数量（个）	占比（%）	数量（个）	占比（%）
投资者情绪悲观期样本	2 213	1 055	47.67	1 158	52.33
坏消息（BNEWS=1）	643	351	54.59	292	45.41
好消息（BNEWS=0）	1 570	704	44.84	866	55.16
Panel C：投资者情绪乐观期					
	样本数（个）	投资者关注较低（TIMING=1）		投资者关注较高（TIMING=0）	
		数量（个）	占比（%）	数量（个）	占比（%）
投资者情绪乐观期样本	2 590	1 110	42.86	1 480	57.14
坏消息（BNEWS=1）	903	403	44.63	500	55.37
好消息（BNEWS=0）	1 687	707	41.91	980	58.09

表3-4是主要变量的描述性统计结果。45.1%的样本公司采取了择时披露策略，32.2%的业绩预告是坏消息；投资者情绪的最小值为-0.568，最大值为3.415，说明样本期间投资者情绪波动较大。关于公司财务特征数据，ROA的均值和中位数分别为0.024和0.015，表明大部分上市公司实现盈利；LEV的均值和中位数分别为0.535和0.553；Growth的均值和中位数分别为0.268和0.176，过半数上市公司保持了较快的增长速度，但也存在不少负增长的公司；Beta的均值和中位数均接近于1，但最小值和最大值之间差距较大，表明上市公司的系统性风险有不小差异；BM值均大于0，表明样本中并不存在净资产为负的公司；ANA的最大值为49.000，最小值为0.000，说明不同上市公司受到机构投资者关注的程度具有明显差异；LOSS的均值为0.177，平均而言，17.7%的公司业绩发生亏损。关于公司治理变量，第一大股东的平均持股比例高达36.5%，29.2%的公司为非国有控股公司，11.6%的公司董事长和总经理两职合一，独立董事占董事会人数的比例为35.8%，高管的平均持股比例仅有0.5%，机构投资者平均持股比例达到26.2%。

表3-4　主要变量的描述性统计

变量	均值	标准差	最小值	25%分位	中位数	75%分位	最大值
TIMING	0.451	0.496	0.000	0.000	0.000	1.000	1.000
BNEWS	0.322	0.467	0.000	0.000	0.000	1.000	1.000
SENT	0.321	0.881	-0.568	-0.269	0.045	0.705	3.415
CAR（-1，1）	0.005	0.057	-0.143	-0.029	0.003	0.037	0.169
CAR（-2，2）	0.007	0.070	-0.171	-0.036	0.003	0.046	0.221
CAR（-5，5）	0.010	0.093	-0.231	-0.044	0.006	0.060	0.290
ROA	0.024	0.043	-0.092	0.002	0.015	0.039	0.187
LEV	0.535	0.180	0.092	0.415	0.553	0.663	0.903
Size	21.734	1.198	19.188	20.900	21.623	22.431	25.323
Growth	0.268	0.611	-0.823	-0.053	0.176	0.445	3.418
Beta	1.048	0.455	-0.181	0.771	1.058	1.334	2.264

续表

变量	均值	标准差	最小值	25%分位	中位数	75%分位	最大值
BM	0.376	0.250	0.037	0.190	0.313	0.499	1.214
EV	0.024	0.037	0.000	0.008	0.016	0.028	1.308
ANA	11.041	12.433	0.000	1.000	6.000	18.000	49.000
LOSS	0.177	0.382	0.000	0.000	0.000	0.000	1.000
Top1	0.365	0.155	0.093	0.234	0.343	0.490	0.750
NSOE	0.292	0.455	0.000	0.000	0.000	1.000	1.000
DUAL	0.116	0.320	0.000	0.000	0.000	0.000	1.000
Indep_Dir	0.358	0.048	0.250	0.333	0.333	0.375	0.556
Mgt_SH	0.005	0.028	0.000	0.000	0.000	0.000	0.242
Inst_SH	0.262	0.223	0.000	0.058	0.219	0.423	0.826

二、多元回归分析

（一）投资者情绪与管理层业绩预告择时

表3－5是假设3－1和假设3－3的多元回归结果。根据表3－5中的回归结果（1），BNEWS的回归系数为0.175，在5%的水平显著为正，表明管理层更倾向于在投资者关注程度较低的时段，如周一、周五或者周六披露坏消息，即坏消息的择时披露现象更为明显，验证了本章的假设3－1。这一检验结果也与其他文献关于信息披露择时相关研究所得结论相一致（Penman，1987；Damodaran，1989；Dellavigna and Pollet，2009；谭伟强，2008；权小峰和吴世农，2010）。根据回归结果（2），SENT的回归系数在1%的水平显著为负，说明相对于投资者情绪乐观期，管理层的业绩预告择时行为更可能发生在情绪悲观期。根据回归结果（3），BNEWS的回归系数为0.202，SENT的回归系数为－0.085，且均在5%水平上显著，与回归结果（1）和回归结果（2）的结果保持一致。BNEWS和SENT的交互项系数显著为负，说明相对于投资者情绪乐观期，

在投资者情绪悲观期，坏消息更可能在投资者关注程度较低时发布，即管理层更可能选择在投资者情绪悲观期对坏消息进行择时披露，假设3-3得到验证。

在控制变量中，Indep_Dir 和 Mgt_SH 的回归系数显著为正，表明董事会中独立董事占比越高、管理层持股比例越高的公司，更可能对坏消息进行择时披露。其他公司财务特征和公司治理等变量，对业绩预告的择时行为没有显著影响。

表3-5　管理层业绩预告披露择时

变量	回归结果（1）	回归结果（2）	回归结果（3）
BNEWS	0.175** (2.13)		0.202** (2.39)
SENT		-0.130*** (-4.12)	-0.085** (-2.36)
BNEWS×SENT			-0.163** (-2.25)
ROA	-1.096 (-1.17)	-1.521* (-1.69)	-0.978 (-1.04)
LEV	0.127 (0.69)	0.093 (0.51)	0.131 (0.71)
Size	0.050 (1.21)	0.050 (1.20)	0.049 (1.17)
Growth	0.016 (0.30)	-0.010 (-0.20)	0.011 (0.22)
EV	0.182 (0.23)	0.232 (0.28)	0.184 (0.23)
ANA	-0.005 (-1.23)	-0.005 (-1.24)	-0.005 (-1.27)
LOSS	-0.011 (-0.11)	0.071 (0.77)	0.012 (0.12)
TOP1	0.152 (0.76)	0.139 (0.70)	0.112 (0.56)

续表

变量	回归结果（1）	回归结果（2）	回归结果（3）
NSOE	-0.120 (-1.59)	-0.108 (-1.44)	-0.112 (-1.48)
DUAL	0.098 (1.06)	0.088 (0.96)	0.079 (0.86)
Indep_Dir	1.241** (2.05)	1.216** (2.00)	1.148* (1.89)
Mgt_SH	2.035* (1.95)	2.074** (1.99)	2.097** (2.02)
Inst_SH	0.092 (0.58)	-0.033 (-0.21)	-0.005 (-0.03)
_Cons	-1.406 (-1.55)	-1.245 (-1.37)	-1.293 (-1.42)
Fixed_Effect	YES	YES	YES
N Pseudo R^2 Chi^2	4 803 0.006 37.028***	4 803 0.008 48.961***	4 803 0.009 58.074***

注：***、**、*分别代表1%、5%、10%的显著性水平。

（二）管理层业绩预告择时与市场反应

表3-6是假设3-2的多元回归结果。根据表3-6可以发现，在（-1，1）（-2，2）（-5，5）的窗口期，BNEWS的回归系数均在1%的水平显著为负，说明坏消息确实对公司股价产生了负面影响。但是，在式（3-4）的回归结果中，BNEWS和TIMING的交互项在5%以上的水平显著为正，即当管理层选择在投资者关注程度较低的时间——周一、周五或周六披露坏消息时，能够显著减少坏消息的负面反应，从而验证了假设3-2。

在控制变量中，公司盈利能力（ROA）、财务杠杆（LEV）以及账面市值比（BM）与CAR显著正相关，其他控制变量对CAR没有显著影响。

表 3-6 管理层业绩预告披露择时的市场反应

变量	式（3-3）			式（3-4）		
	CAR (-1, 1)	CAR (-2, 2)	CAR (-5, 5)	CAR (-1, 1)	CAR (-2, 2)	CAR (-5, 5)
BNEWS	-0.046*** (-22.51)	-0.050*** (-19.87)	-0.054*** (-15.37)	-0.051*** (-19.95)	-0.055*** (-17.24)	-0.061*** (-14.10)
TIMING				-0.004* (-1.94)	-0.004* (-1.77)	-0.005* (-1.70)
BNEWS × TIMING				0.009*** (2.75)	0.010** (2.41)	0.014*** (2.58)
ROA	0.045* (1.79)	0.077** (2.51)	0.094** (2.36)	0.045* (1.78)	0.076** (2.50)	0.093** (2.34)
LEV	0.012** (2.36)	0.011 (1.63)	0.024*** (2.75)	0.012** (2.36)	0.011 (1.63)	0.024*** (2.75)
Growth	0.001 (0.97)	0.002 (0.88)	0.001 (0.50)	0.001 (0.97)	0.002 (0.89)	0.001 (0.51)
Size	-0.000 (-0.28)	-0.001 (-1.14)	-0.002 (-1.42)	-0.000 (-0.38)	-0.001 (-1.23)	-0.002 (-1.51)
Beta	-0.001 (-0.60)	-0.002 (-0.90)	-0.002 (-0.55)	-0.001 (-0.61)	-0.002 (-0.90)	-0.002 (-0.56)
BM	0.009** (1.99)	0.015*** (2.73)	0.027*** (3.72)	0.009** (2.03)	0.015*** (2.76)	0.027*** (3.76)
_Cons	0.022 (1.11)	0.037 (1.54)	0.041 (1.32)	0.025 (1.28)	0.040* (1.69)	0.046 (1.48)
Fixed_Effect	YES	YES	YES	YES	YES	YES
N	4 803	4 803	4 803	4 803	4 803	4 803
Adj_R^2	0.162	0.131	0.089	0.163	0.132	0.090
F	22.492***	18.035***	12.361***	22.008***	17.496***	12.120***

注：***、**、*分别代表1%、5%、10%的显著性水平。

（三）投资者情绪、管理层业绩预告择时与市场反应

为了检验假设3-4，我们根据投资者情绪将样本分为投资者情绪乐观期和投资者情绪悲观期两组，对式（3-4）进行分组回归，见表3-7。可以发现，无论是投资者情绪乐观期或是投资者情绪悲观期，BNEWS的回归系数均在1%的水平显著为负。在投资者情绪

乐观期，BNEWS 和 TIMING 的交互项系数为正，但是未能通过显著性检验；在投资者情绪悲观期，BNEWS 和 TIMING 的交互项系数显著为正。以上结果表明，在投资者情绪乐观期内上市公司通过择时披露坏消息能够减少其负面市场反应，但效果并不明显，而在投资者情绪悲观期内管理层通过择时披露坏消息显著降低了坏消息的负面影响，假设 3－4 得到验证。

表 3－7　投资者情绪、管理层业绩预告择时与市场反应

变量	投资者情绪乐观期			投资者情绪悲观期		
	CAR (－1，1)	CAR (－2，2)	CAR (－5，5)	CAR (－1，1)	CAR (－2，2)	CAR (－5，5)
BNEWS	－0.051*** (－14.17)	－0.055*** (－12.57)	－0.054*** (－9.16)	－0.050*** (－13.99)	－0.054*** (－11.72)	－0.069*** (－11.21)
TIMING	－0.001 (－0.38)	－0.004 (－1.18)	－0.007 (－1.46)	－0.006** (－2.39)	－0.003 (－1.07)	－0.002 (－0.52)
BNEWS × TIMING	0.006 (1.37)	0.009 (1.55)	0.012 (1.56)	0.011** (2.34)	0.010* (1.70)	0.017** (2.12)
ROA	0.049 (1.45)	0.090** (2.19)	0.132** (2.50)	0.041 (1.09)	0.056 (1.21)	0.063 (1.04)
LEV	0.018** (2.39)	0.021** (2.25)	0.043*** (3.48)	0.006 (0.81)	－0.003 (－0.37)	－0.000 (－0.00)
Growth	0.001 (0.25)	0.001 (0.36)	0.001 (0.19)	0.002 (1.26)	0.002 (0.92)	0.001 (0.40)
Size	－0.001 (－0.46)	－0.003* (－1.93)	－0.003 (－1.62)	0.000 (0.04)	0.001 (0.67)	－0.001 (－0.26)
Beta	－0.002 (－0.73)	－0.005 (－1.27)	－0.013*** (－2.59)	－0.000 (－0.05)	0.000 (0.11)	0.009** (1.97)
BM	0.010 (1.50)	0.018** (2.18)	0.029*** (2.72)	0.008 (1.36)	0.010 (1.42)	0.026*** (2.65)
_Cons	0.046 (1.12)	0.096** (2.21)	0.105* (1.76)	0.011 (0.41)	－0.015 (－0.47)	0.005 (0.12)
Fixed_Effect	YES	YES	YES	YES	YES	YES
N	2 590	2 590	2 590	2 213	2 213	2 213
Adj_R^2	0.145	0.114	0.074	0.181	0.154	0.119
F	14.668***	11.310***	7.408***	15.664***	12.980***	10.809***

注：***、**、* 分别代表 1%、5%、10% 的显著性水平。

三、稳健性检验

（一）投资者情绪指标

在2005年1月~2011年3月期间，中国A股市场有20个月没有发行新股，为了避免IPO数据缺失对投资者情绪的影响，我们在构建投资者情绪复合指数时剔除了IPO指标，形成了新的情绪复合指数（SENT1）。并且，也直接以新增投资者开户数（ACCOUNT）作为投资者情绪的代理变量，对管理层业绩预告策略式（3-1）和式（3-2）进行了稳健性检验，回归结果见表3-8，主要的研究结论保持不变。

表3-8　管理层业绩预告披露择时：情绪指标的稳健性检验

变量	SENT1		ACCOUNT	
	回归结果（1）	回归结果（2）	回归结果（3）	回归结果（4）
BNEWS		0.176** (2.14)		0.292*** (2.94)
Sentiment	-0.080*** (-2.72)	-0.040 (-1.18)	-5.165** (-2.50)	-2.066 (-0.89)
BNEWS × Sentiment		-0.136** (-2.19)		-12.370** (-2.44)
ROA	-1.573* (-1.75)	-0.907 (-0.97)	-1.583* (-1.76)	-1.075 (-1.15)
LEV	0.093 (0.50)	0.137 (0.74)	0.097 (0.53)	0.139 (0.75)
Size	0.048 (1.15)	0.049 (1.19)	0.048 (1.17)	0.044 (1.07)
Growth	-0.007 (-0.14)	0.012 (0.24)	-0.008 (-0.16)	0.013 (0.26)
EV	0.148 (0.18)	0.056 (0.07)	0.183 (0.22)	0.121 (0.15)
ANA	-0.005 (-1.19)	-0.005 (-1.30)	-0.004 (-1.10)	-0.004 (-1.14)

续表

变量	SENT1		ACCOUNT	
	回归结果（1）	回归结果（2）	回归结果（3）	回归结果（4）
LOSS	0.072 (0.78)	0.010 (0.10)	0.063 (0.68)	-0.002 (-0.02)
TOP1	0.194 (0.97)	0.168 (0.84)	0.142 (0.71)	0.124 (0.62)
NSOE	-0.111 (-1.47)	-0.118 (-1.56)	-0.119 (-1.58)	-0.121 (-1.60)
DUAL	0.092 (1.00)	0.085 (0.93)	0.097 (1.06)	0.090 (0.98)
Indep_Dir	1.206** (1.99)	1.122* (1.85)	1.287** (2.12)	1.248** (2.05)
Mgt_SH	2.069** (2.00)	2.122** (2.04)	2.060** (1.98)	2.059** (1.97)
Inst_SH	-0.047 (-0.29)	-0.027 (-0.16)	0.050 (0.32)	0.085 (0.54)
_Cons	-1.227 (-1.35)	-1.317 (-1.44)	-1.240 (-1.36)	-1.271 (-1.39)
Fixed_Effect	YES	YES	YES	YES
N Pseudo R^2 Chi^2	4 803 0.006 39.793***	4 803 0.008 49.049***	4 803 0.006 38.432***	4 803 0.007 48.361***

注：***、**、*分别代表1%、5%、10%的显著性水平。

（二）业绩预告择时指标

已有文献表明，周一的择时效应相对较弱，周五和周六的择时效应较强。因此，我们重新定义择时变量 TIMING，当业绩预告披露时间为周五或周六时，TIMING 取值为 1；否则，TIMING 取值为 0。运用以上业绩预告择时变量对本章的研究假设进行检验，回归结果见表 3-9～表 3-11。可以发现，主要的研究结论保持不变。

表 3-9　管理层业绩预告披露择时：择时指标的稳健性检验

变量	回归结果（1）	回归结果（2）SENT	回归结果（3）SENT1	回归结果（4）ACCOUNT
BNEWS	0.290*** (3.49)	0.291*** (3.42)	0.280*** (3.35)	0.365*** (3.62)
Sentiment		-0.157*** (-4.08)	-0.105*** (-2.93)	-5.458** (-2.20)
BNEWS × Sentiment		-0.097 (-1.31)	-0.115* (-1.78)	-9.799* (-1.85)
ROA	-1.900* (-1.94)	-1.788* (-1.83)	-1.706* (-1.75)	-1.886* (-1.93)
LEV	0.142 (0.75)	0.150 (0.79)	0.158 (0.84)	0.157 (0.83)
Size	0.059 (1.39)	0.056 (1.33)	0.054 (1.28)	0.053 (1.25)
Growth	0.005 (0.11)	-0.000 (-0.00)	0.001 (0.01)	0.000 (0.00)
EV	0.319 (0.39)	0.313 (0.38)	0.129 (0.16)	0.219 (0.27)
ANA	-0.004 (-1.03)	-0.004 (-1.12)	-0.004 (-1.12)	-0.004 (-0.94)
LOSS	-0.139 (-1.36)	-0.120 (-1.17)	-0.117 (-1.14)	-0.129 (-1.26)
Top1	0.058 (0.28)	0.003 (0.01)	0.088 (0.43)	0.009 (0.05)
NSOE	-0.120 (-1.56)	-0.106 (-1.37)	-0.108 (-1.39)	-0.119 (-1.54)
DUAL	-0.017 (-0.18)	-0.037 (-0.39)	-0.034 (-0.36)	-0.022 (-0.24)
Indep_Dir	1.359** (2.19)	1.221** (1.97)	1.170* (1.88)	1.349** (2.17)
Mgt_SH	1.973* (1.92)	2.050** (2.02)	2.064** (2.03)	2.006** (1.96)
Inst_SH	0.193 (1.20)	0.054 (0.33)	-0.015 (-0.09)	0.176 (1.09)

续表

变量	回归结果（1）	回归结果（2）SENT	回归结果（3）SENT1	回归结果（4）ACCOUNT
_Cons	-1.578 * (-1.73)	-1.349 (-1.47)	-1.324 (-1.45)	-1.357 (-1.48)
Fixed_Effect	YES	YES	YES	YES
样本规模	4 736	4 736	4 736	4 736
Pseudo R^2	0.008	0.014	0.012	0.011
Chi^2	52.690 ***	84.078 ***	76.239 ***	68.511 ***

注：***、**、*分别代表1%、5%、10%的显著性水平。

表3-10　管理层业绩预告披露择时的市场反应：稳健性检验

变量	式（3-3）			式（3-4）		
	CAR (-1, 1)	CAR (-2, 2)	CAR (-5, 5)	CAR (-1, 1)	CAR (-2, 2)	CAR (-5, 5)
BNEWS	-0.047 *** (-23.07)	-0.050 *** (-20.08)	-0.054 *** (-15.45)	-0.051 *** (-20.30)	-0.053 *** (-17.08)	-0.059 *** (-13.85)
TIMING				-0.004 ** (-2.07)	-0.004 * (-1.73)	-0.006 * (-1.90)
BNEWS × TIMING				0.008 ** (2.47)	0.007 * (1.71)	0.012 ** (2.10)
ROA	0.047 * (1.88)	0.080 *** (2.59)	0.113 *** (2.79)	0.046 * (1.82)	0.079 ** (2.55)	0.110 *** (2.75)
LEV	0.013 ** (2.51)	0.011 (1.63)	0.023 ** (2.55)	0.013 ** (2.52)	0.011 * (1.65)	0.023 ** (2.56)
Growth	0.000 (0.10)	0.000 (0.01)	-0.000 (-0.18)	0.000 (0.11)	0.000 (0.02)	-0.000 (-0.17)
Size	-0.000 (-0.44)	-0.001 (-1.16)	-0.002 (-1.24)	-0.000 (-0.54)	-0.001 (-1.23)	-0.002 (-1.33)
Beta	-0.001 (-0.58)	-0.002 (-0.86)	-0.002 (-0.54)	-0.001 (-0.58)	-0.002 (-0.86)	-0.002 (-0.53)
BM	0.010 ** (2.21)	0.016 *** (3.02)	0.029 *** (3.99)	0.010 ** (2.26)	0.016 *** (3.06)	0.029 *** (4.04)
_Cons	0.023 (1.19)	0.038 * (1.65)	0.032 (1.08)	0.027 (1.37)	0.041 * (1.80)	0.038 (1.25)
Fixed_Effect	YES	YES	YES	YES	YES	YES
N	4 736	4 736	4 736	4 736	4 736	4 736
Adj_R^2	0.164	0.133	0.093	0.165	0.134	0.094
F	22.665 ***	18.303 ***	12.829 ***	22.022 ***	17.641 ***	12.458 ***

注：***、**、*分别代表1%、5%、10%的显著性水平。

表 3-11 投资者情绪、管理层业绩预告择时与市场反应：稳健性检验

变量	投资者情绪乐观期			投资者情绪悲观期		
	CAR (-1, 1)	CAR (-2, 2)	CAR (-5, 5)	CAR (-1, 1)	CAR (-2, 2)	CAR (-5, 5)
BNEWS	-0.051*** (-14.49)	-0.054*** (-12.36)	-0.054*** (-9.01)	-0.049*** (-14.16)	-0.053*** (-11.74)	-0.067*** (-11.09)
TIMING	-0.002 (-0.50)	-0.003 (-0.81)	-0.008 (-1.55)	-0.006** (-2.50)	-0.004 (-1.48)	-0.003 (-0.67)
BNEWS × TIMING	0.007 (1.57)	0.006 (1.03)	0.009 (1.16)	0.008* (1.68)	0.007 (1.19)	0.015* (1.86)
ROA	0.048 (1.40)	0.086** (2.07)	0.151*** (2.80)	0.044 (1.16)	0.066 (1.42)	0.071 (1.16)
LEV	0.018** (2.40)	0.022** (2.40)	0.044*** (3.57)	0.007 (1.02)	-0.005 (-0.49)	-0.006 (-0.45)
Growth	-0.000 (-0.20)	-0.000 (-0.00)	-0.001 (-0.23)	0.001 (0.48)	0.000 (0.00)	-0.000 (-0.17)
Size	-0.001 (-0.47)	-0.003* (-1.82)	-0.003 (-1.40)	-0.000 (-0.13)	0.001 (0.61)	-0.000 (-0.10)
Beta	-0.001 (-0.36)	-0.004 (-1.13)	-0.013*** (-2.64)	-0.001 (-0.38)	0.000 (0.07)	0.009** (2.10)
BM	0.009 (1.39)	0.019** (2.25)	0.029*** (2.68)	0.009 (1.64)	0.012* (1.75)	0.029*** (2.94)
_Cons	0.043 (1.06)	0.091** (2.12)	0.091 (1.56)	0.018 (0.71)	-0.007 (-0.22)	0.004 (0.09)
Fixed_Effect	YES	YES	YES	YES	YES	YES
样本规模	2 537	2 537	2 537	2 199	2 199	2 199
Adj_R^2	0.145	0.116	0.082	0.187	0.156	0.121
F	14.442***	11.250***	7.893***	16.063***	13.223***	10.862***

注：***、**、*分别代表1%、5%、10%的显著性水平。

第四节 研究结论

本章以沪深 A 股上市公司管理层业绩预告为研究对象，实证考察了宏观市场层面的投资者情绪对企业业绩预告择时的影响，以及

不同情绪期间业绩预告择时的市场反应。我们采用主成分分析法构建了投资者情绪复合指数，研究发现：第一，上市公司的业绩预告存在择时披露行为，管理层倾向于在投资者关注度较低的时段披露坏消息；从市场反应角度看，择时披露有助于降低坏消息对股价的负面影响。第二，在投资者情绪的不同周期内，管理层的业绩预告择时行为存在差异。相对于投资者情绪高涨期，在投资者情绪悲观期，管理层对坏消息的择时行为更加显著；并且，在投资者情绪低落期，坏消息的择时披露能够进一步缓解其负面的市场反应。

本章可能的研究贡献包括以下两点。

第一，已有文献主要从股权激励、内部人减持等（张馨艺等，2012；蔡宁，2012；鲁桂华等，2017）微观企业视角，探讨管理层业绩预告的择时策略，鲜有文献从宏观市场层面的投资者情绪视角考虑业绩预告择时策略的影响因素。因此，本章从市场层面的投资者情绪视角丰富了管理层业绩预告择时策略的研究。

第二，关于投资者情绪，中文文献主要关注了投资者情绪对资产价格总体效应和横截面效应的影响，从资本投资、企业融资和股利分配等角度检验了投资者情绪的经济后果。本章则从业绩预告择时及其市场反应视角对投资者情绪的经济后果进行验证，因而丰富了中国资本市场投资者情绪的研究文献。

第四章

投资者情绪与管理层业绩预告披露方式

第一节　研究问题与研究假设

一、研究问题

上市公司业绩预告披露的策略性选择行为，日益受到学术界的关注。除了对业绩预告披露时间进行策略性选择外，为了规避诉讼风险和降低诉讼成本，管理层还会对业绩预告的披露方式进行策略性选择（Skinner，1994；Rogers and Stocken，2005；Rogers and Buskirk，2009）。产权性质（袁振超等，2014）、机构投资者调研（程小可等，2017）、高管权力和内部薪酬差距（王浩和向显湖，2015）等公司治理机制对业绩预告披露方式具有显著影响。企业战略也会影响管理层的业绩预告策略，针对不同的企业战略类型，管理层会策略性地披露业绩预告信息，并且会自主选择业绩预告的形式（王玉涛和段梦然，2019）。但是，在中国资本市场，投资者情绪是否影响以及如何影响管理层业绩预告的披露方式？以上问题尚没有得到很好的解答。

中国证券监管部门强制推行业绩预告制度。尽管中国的业绩预告制度具有一定强制性，但是，管理层在业绩预告披露内容和披露方式等方面，仍然有较大的选择空间。此外，一些非强制披露业绩预告的上市公司也自愿披露了业绩预告信息。基于此，本章以管理层业绩预告为研究对象，从是否自愿披露业绩预告、业绩预告精确度和业绩预告态度倾向等视角衡量管理层的业绩预告披露方式，实证考察市场层面的投资者情绪对管理层业绩预告披露方式的策略性影响。

二、研究假设

（一）投资者情绪与管理层自愿业绩预告

贝克等（Baker et al.，2007）指出，管理层具有信息优势，这种信息优势有助于其准确分辨投资者情绪和错误定价，并制定相应的信息披露策略迎合或改变投资者在不同情绪期间的信息需求。因此，当资本市场投资者情绪低落时，投资者往往会对公司的未来业绩持悲观态度，导致股票价格被低估。此时，对错误定价具有感知能力的管理层将更愿意对外发布业绩预告，以修正投资者的悲观预期（Bergman and Roychowdhury，2008）。相反，当资本市场投资者情绪高涨时，个人投资者（噪音交易者）更加乐观活跃，投资者对公司的未来业绩普遍持乐观态度。但是，公司的真实业绩或许达不到投资者的预期。此时，为了迎合或者维持投资者的乐观预期，管理层更倾向于保持沉默，降低自愿业绩预告信息的披露。根据以上分析，我们提出以下假设：

假设4－1：投资者情绪对管理层自愿业绩预告动机具有显著的负面影响。

（二）投资者情绪与管理层业绩预告精确性

通常，研究者将管理层业绩预告分为点数据、区间数据、上下限数据以及定性四种不同精确度的预测方式。投资者情绪对管理层业绩预告的精确性具有以下影响：首先，社会认知领域的研究表明，相对于乐观主义者而言，悲观主义者在处理信息上更加关注细节（Bless et al.，1996）。因此，当市场情绪低落时，投资者的悲观主义倾向较为明显，更加需要详细、精确的业绩预告信息以缓解其对未来的悲观预期和不确定预期。其次，斯隆（Sloan，1996）发现，应计盈余的持续性显著低于现金盈余，但是由于投资者的有限理性，并不能有效地识别两者之间的差异。尤其是当资本市场投资者情绪乐观时，投资者将更少关注应计盈余和现金盈余对盈余持续性的不同影响，导致管理层操控应计盈余以迎合投资者对公司未来业绩的乐观预期（Ali and Gurun，2009），进而增加了管理层业绩预告的不确定性，降低了业绩预告的精确性。相反，相对于情绪乐观期，当投资者情绪悲观时，会计盈余中持续性较低的应计盈余所占比例更小，从而降低了业绩预告的不确定性，提高了管理层业绩预告的精确性。根据以上分析，我们提出以下研究假设：

假设 4－2：投资者情绪对管理层业绩预告的精确性具有显著的负向影响。

（三）投资者情绪与管理层业绩预告的态度倾向

当资本市场投资者情绪高涨时，投资者将高估企业的未来业绩、低估企业风险，导致股票价格向上偏离其基础价值；相反，当投资者情绪低落时，股票价格将向下偏离其基础价值。而作为公司内部人的管理层，由于掌握企业真实的经营信息，对公司的预期收益和相对风险具有自己的主观判断。管理层能够感知乐观或悲观的投资者情绪，当外部投资者对公司的预期收益和风险与管理层的主观判断发生冲突时，将导致管理层的认知失调（花贵如，2011）。费斯汀格（1999）指出，认知失调会产生一种心理紧张，个体将力图解除这种紧张，并倾向于采用两种方式进行自我调适，其一是对新认知予以否认；其二是寻求更多新认知的信息，借以取代旧认知。根据认知失调理论，管理层可以通过改变自身情绪或者扭转投资者情绪这两种方式缓解压力，可以预期，在不同的情绪期间，管理层的减压方式将影响其业绩预告时的态度倾向。

有文献表明，在管理者和投资者的互动过程中，管理者情绪更容易受到投资者情绪的影响，高涨和低迷的投资者情绪将塑造管理者乐观情绪和悲观情绪（花贵如等，2011）。因此，当资本市场投资者情绪高涨时，管理层将受到投资者乐观情绪的感染，乐观情绪将诱致管理层高估企业的预期收益、低估可能的风险，从而发布更为乐观的业绩预告信息。相反，当资本市场投资者情绪低落时，受到影响的管理者也情绪悲观，悲观情绪导致管理层高估风险、低估收益，从而发布较为悲观的业绩预告信息。

但是，另外也有文献表明，管理者是理性的，管理层能够对证券市场错误定价做出理性的投融资决策（Polk and Sapienza，2009）；当主观信念与外部投资者发生冲突时，理性的管理者将发布信息以改变投资者对公司业绩的错误预期（Seybert and Yang，2010）。所以，当资本市场投资者情绪高涨时，针对外部投资者对公司过度乐观的业绩预期，理性的管理者将发布较为悲观的业绩预告信息，以扭转投资者的乐观情绪；相反，当资本市场投资者情绪低落时，理性的管理者将发布更为乐观的业绩预告信息，以扭转投资者的悲观情绪。

根据以上分析，我们提出以下竞争性假设：

假设 4－3a：当投资者情绪高涨时，管理层更倾向于发布较为乐观的业绩预告；当投资者情绪低落时，管理层更倾向于发布较为悲观的业绩预告。

假设 4 -3b：当投资者情绪高涨时，管理层更倾向于发布较为悲观的业绩预告；当投资者情绪低落时，管理层更倾向于发布较为乐观的业绩预告。

第二节　研究设计

一、研究模型

我们建立了以下三个模型，分别对本章的三个研究假设进行检验：

$$VD_{i,t} = \beta_0 + \beta_1 Sentiment_{i,t-1} + \beta_j \sum Control + \varepsilon_{i,t} \quad (4-1)$$

$$Precision_{i,t} = \beta_0 + \beta_1 Sentiment_{i,t-1} + \beta_j \sum Control + \varepsilon_{i,t} \quad (4-2)$$

$$Attitude_{i,t} = \beta_0 + \beta_1 Sentiment_{i,t-1} + \beta_j \sum Control + \varepsilon_{i,t} \quad (4-3)$$

式（4 -1）是二元逻辑回归模型，用以检验投资者情绪对管理层自愿业绩预告行为的影响，式（4 -2）和式（4 -3）为线性回归模型，用以检验投资者情绪对管理层业绩预告精确性和态度倾向的影响。

二、变量定义

（一）管理层业绩预告披露方式

我们主要从管理层是否自愿披露业绩预告、业绩预告精确性和业绩预告态度倾向等视角，度量管理层业绩预告策略。中国上市公司业绩预告制度自 1998 年推行以来，经历了频繁的变动并逐渐趋于成熟。不同于西方资本市场的自愿业绩预告制度，中国的业绩预告制度带有一定的强制性，要求上市公司亏损、扭亏、业绩较上年同期发生大幅度变动（大于或等于 50%）时，需要提前以临时公告的形式进行业绩预告。业绩预告制度出台后，很多强制业绩预告公司按照规定披露了预期业绩。一些非强制业绩预告公司也自愿披露了业绩预告信息，这些公司主要包括业绩变动幅度小于 50% 的公司以及业绩不确定的公司，本章将这些业绩预告定义为自愿业绩预告。同时，自 2006 年 5 月开始，上海证券交易所和深圳证券交易所才将扭亏为盈纳入强制业绩预告范围，因此，我们将 2006 年 5 月前公司发布的扭亏预告也定义为自愿业绩预告。在式（4－1）中，VD 为代表管理层是否自愿披露业绩预告信息的哑变量，如果样本公司在 t 期间自愿披露了业绩预告，VD 取值为 1；否则 VD 取值为 0。

在式（4－2）中，Precision 代表管理层业绩预告的精确性，参考已有文献，我们按照业绩预告精确性从高到低对 Precision 赋值，点预测赋值为 4、区间预测赋值为 3、上限预测赋值或下限预测赋值为 2、定性预测赋值为 1。

在式（4－3）中，Attitude 代表管理层业绩预告的态度倾向，以业绩预告偏差表示，业绩预告偏差等于业绩预告的点值以及范围值的中值与当期实际盈余之差。业绩预告偏差为正则为乐观，取值为 3；业绩预告无偏差则为中性，取值为 2；业绩预告偏差为负则为悲观，取值为 1。显然，为了计算业绩预告偏差，式（4－3）的研究样本为点预测和区间预测的公司。

（二）投资者情绪（Sentiment）

本章中主要的解释变量为投资者情绪，而如何准确衡量投资者情绪是行为金融实证研究的难点。本章通过构建投资者情绪复合指数、运用动量指标等方法计量投资者情绪。

1. 投资者情绪复合指数（Index）

近期，外文文献主要选取换手率、封闭式基金折价率、IPO 数量、IPO 首日收益率和股票发行/债券发行比例等情绪代理变量，采用主成分分析法构建投资者情绪复合指数（Baker and Wurgler，2006）。中文文献主要采用封闭式基金折价率、换手率、IPO 首日发行量和 IPO 首日超额收益率等情绪代理变量，构建投资者情绪复合指数。但是，2005 年 1 月 ~2011 年 3 月，中国 A 股市场有 20 个月没有发行新股。而股票牛市行情的形成与直接参与股票市场人数的急剧上升是一致的，特别对处于快速发展期的中国股票市场，每月新增开户数代表了场外投资者对证券的需求程度和参与程度，从而可以反映投资者情绪（易志高和茅宁，2009）。因此，根据沪深股市的现实情况和数据的可获得性，本章选取封闭式基金折价率（CEFD）、新增投资者开户数（ACCOUNT）和市场换手率（TURN）等情绪代理变量，利用主成分分析法构建了投资者情绪复合指数。其中，封闭式基金折价率为每月最后一个交易日所有参与交易的封闭式基金的净值加权平均折价率；新增开户数为投资者月新开户数；市场换手率等于沪深两市各月的成交金额与市场流通市值的比值。

由于投资者情绪指标中可能包含宏观经济基本面成分或理性预期成分（Baker and Wurgler，2006），为了剔除宏观经济因素的影响，我们选取居民消费价格指数、消费者信心指数和宏观经济景气指数作为宏观经济基本面的代理变量，将以上投资者情绪指标分别与宏观经济基本面代理变量做正交处理，提取残差作为新情绪指标，并对其标准化处理，消除量纲后进行主成分分析，由此构建了以下投资者情绪复合指数。

$$\text{Index} = 0.290 \times \text{CEFD} + 0.447 \times \text{ACCOUNT} + 0.466 \times \text{TURN} \tag{4-4}$$

为确保所构建投资者情绪指数的有效性，我们利用上证综指对所建立的情绪指数进行了检验，Index 和上证综指收益率之间的相关系数为 0.437，而且在 1% 水平上显著，从而为投资者情绪指数的有效性提供了支持。

2. 动量指标（Momentum）

一些行为公司金融研究也使用动量指标作为投资者情绪的替代变量，检验投资者情绪对公司财务行为的影响。借鉴波尔克和萨皮恩扎（Polk and Sapienza，2009）、花贵如等（2011）的研究设计，我们采用半年期的动量指标计量投资者情绪，即将上一期 6 个月的累积月度股票收益作为投资者情绪的操控性指标。其中，月度股票收益为考虑现金红利再投资的月个股回报率。

（三）控制变量（Control）

参考班柏等（Bambe et al.，2010）的经典文献，我们控制了公司财务特征和治理机制等对管理层业绩预告行为的影响。具体包括：（1）盈利能力（ROA）；（2）公司规模（Size），等于公司总资产的自然对数；（3）资产负债率（Debt）；（4）主营业务收入增长率（Growth）；（5）盈余波动性（Volatility），用公司近 5 期盈余的标准差来度量，盈余波动性越大，管理层对盈利的信念越不确定，其业绩预告策略更可能受到影响；（6）公司是否亏损（Loss），以虚拟变量表示，当期业绩亏损公司设定为 1，否则为 0；（7）机构投资者持股比例（Institute）；（8）公司跟进的分析师数量（Analyst）；（9）产权性质（SOE），以虚拟变量表示，国家控股公司设定为 1，否则为 0；（10）董事会领导权结构（Duality），以虚拟变量表示，董事长和总经理两职合一设定为 1，否则为 0；（11）董事会独立性（Indepen）；（12）业绩预告披露时间（Date），在式(4-2)和式（4-3）中，我们还控制了披露时间对业绩预告精确性和态度倾向的影响。Date 以虚拟变量表示，如果管理层在年度资产负债表日前或中期资产负债表日前披露业绩预告，Date 取值为1，否则取值为0。在以上控制变量中，Loss 为第 t 期数值，其余变量均为第 t-1 期数值。最后，我们还控制了行业（Industry）对管理层业绩预告策略的影响。变量名称、变量符号和具体定义，见表4-1。

表4-1　变量定义

变量名称		变量符号	变量定义
自愿业绩预告		VD	如果样本公司在 t 期间自愿披露了业绩预告，VD 取值为1；否则 VD 取值为0
业绩预告精确性		Precision	点预测赋值为4、区间预测赋值为3、上限预测赋值或下限预测赋值为2、定性预测赋值为1
业绩预告态度倾向		Attitude	业绩预告偏差为正则为乐观，取值为3；业绩预告无偏差则为中性，取值为2；业绩预告偏差为负则为悲观，取值为1。其中，业绩预告偏差等于业绩预告的点值以及范围值的中值与当期实际盈余之差
投资者情绪	复合指数	Index	采用主成分分析法构建的投资者情绪复合指数
	动量指标	Momentum	上一期6个月的累计月度股票收益
总资产收益率		ROA	当期净利润/平均总资产
公司规模		Size	公司总资产的自然对数
资产负债率		Debt	总负债/总资产
成长性		Growth	（本年营业收入-上年营业收入）/上年营业收入，以其指代公司历史成长速度
盈余波动性		Volatility	公司近5期盈余的标准差
发生亏损		Loss	该变量为虚拟变量，当期业绩亏损，Loss 取值为1，否则取值为0
机构投资者		Institute	机构投资者持股比例
分析师跟踪		Analyst	公司跟进的分析师数量

续表

变量名称	变量符号	变量定义
产权性质	SOE	该变量为虚拟变量，如果公司为国家控股，SOE 取值为 1，否则取值为 0
董事会领导权结构	Duality	如果公司首席执行官兼任董事长，duality 取值为 1，否则取值为 0
董事会独立性	Indepen	独立董事人数占董事会人数的比例
业绩预告披露时间	Date	如果管理层在年度资产负债表日前或中期资产负债表日前披露业绩预告，Date 取值为 1，否则取值为 0
行业	Industry	根据中国证监会 2001 年颁布的《上市公司行业分类指引》设置的行业虚拟变量

三、样本和数据来源

本章以沪深两市 A 股上市公司 2005 年第一季度 ~ 2011 年第一季度发布的管理层业绩预告为研究样本。首先，剔除针对同一份中报（或年报）披露多次业绩预告的公司；其次，为了消除管理层业绩预告中可能存在的“惯性”特征，我们剔除了样本期间对所有业绩预告以及对同类业绩预告采用相同精确性或态度倾向的公司；再次，剔除了主要财务指标、动量指标、机构持股比例和分析师数量等数据缺失的样本；最后，为了消除极端值的影响，剔除了主要财务连续变量在 1% 和 99% 以外的极端值样本，最终得到 7 217 个观测值。同时，我们以全样本中区间预测和点预测的 3 900 个样本为基础，剔除 10 个无法准确计算业绩预告偏差的公司，得到 3 890 个能够反映管理层业绩预告态度倾向的观测值。

本章的业绩预告、机构持股比例及分析师数量等数据，来自万得（Wind）数据库；投资者情绪和宏观经济基本面代理变量、公司财务、月度股票收益和内部治理机制等数据均来自深圳国泰安（CSMAR）数据库。

第三节　实证检验结果与分析

一、描述性统计

表4－2是主要变量的描述性统计结果。根据表4－2可以发现，上市公司自愿业绩预告动机并不强烈，自愿业绩预告仅占预告总数的6.6%。Precision的均值为2.614，Attitude的均值为2.013。Index的最小值为－0.896，最大值为3.447；Momentum的最小值为－0.864，最大值为9.481，以上数据表明，样本期间投资者情绪波动较大。

表4－2　　主要变量的描述性统计结果

变量	样本数	均值	中位数	标准差	最小值	最大值
VD	7 217	0.066	0.000	0.249	0.000	1.000
Precision	7 217	2.614	3.000	1.073	1.000	4.000
Attitude	3 890	2.013	2.000	0.868	1.000	3.000
Index	7 217	0.319	0.047	1.036	－0.896	3.447
Momentum	7 217	0.325	0.192	0.706	－0.864	9.481
ROA	7 217	0.018	0.012	0.058	－0.966	0.970
Size	7 217	21.857	21.723	1.284	17.426	30.098
Debt	7 217	0.581	0.573	0.307	0.015	4.906
Growth	7 217	0.272	0.158	0.804	－1.000	9.728
Volatility	7 217	0.025	0.017	0.028	0.001	0.175
Loss	7 217	0.234	0.000	0.424	0.000	1.000
Institute	7 217	0.253	0.203	0.216	0.000	0.790
Analyst	7 217	11.761	7.000	11.670	1.000	65.000
SOE	7 217	0.463	0.000	0.499	0.000	1.000
Duality	7 217	0.113	0.000	0.317	0.000	1.000

续表

变量	样本数	均值	中位数	标准差	最小值	最大值
Indepen	7 217	0.360	0.333	0.052	0.083	0.800
Date	7 217	0.500	0.000	0.500	0.000	1.000

由于构建投资者情绪复合指数时对主成分分析进行了标准化处理，因此，我们定义了两种不同的投资者情绪状态。如果投资者情绪指数大于0，视该阶段为投资者情绪乐观时期；否则视该阶段为投资者情绪悲观时期。根据乐观或者悲观的投资者情绪状态，我们将全样本分为两组，比较了不同情绪期间管理层业绩预告行为和财务特征的差异，单变量分析结果见表4－3。根据表4－3可以发现，不同情绪期间，管理层的业绩预告行为存在显著差异；相对于投资者情绪乐观期，当市场投资者情绪悲观时，管理层更可能自愿披露业绩预告，业绩预告的精确性更高、态度倾向更为乐观。在控制变量中，当投资者情绪悲观时，经营业绩更好、主营业务成长性更高、业绩亏损的公司更少。这一结果也从侧面说明，受悲观情绪影响的投资者，往往低估企业的经营业绩。

表4－3　　单变量分析结果

变量	投资者情绪悲观期			投资者情绪乐观期			T检验	Z检验
	N	均值	中位数	N	均值	中位数		
VD	3 321	0.077	0.000	3 896	0.058	0.000	3.283***	3.281***
Precision	3 321	2.704	3.000	3 896	2.537	3.000	6.610***	6.589***
Attitude	1 943	2.058	2.000	1 947	1.969	2.000	3.164***	3.135***
ROA	3 321	0.021	0.015	3 896	0.016	0.010	4.223***	6.841***
Size	3 321	21.977	21.809	3 896	21.755	21.663	7.338***	6.728***
Debt	3 321	0.577	0.574	3 896	0.584	0.572	0.993	0.673
Growth	3 321	0.335	0.220	3 896	0.219	0.101	6.092***	14.058***
Volatility	3 321	0.025	0.017	3 896	0.025	0.017	1.239	0.400
Loss	3 321	0.210	0.000	3 896	0.250	0.000	－3.579***	－3.576***

注：***、**、*分别代表1%、5%、10%的显著性水平。

二、主要检验结果

（一）投资者情绪与管理层自愿业绩预告

假设4－1的检验结果，见表4－4，可以发现，Index的回归系数和Momentum的回归系数分别为－0.151和－0.144，显著性水平均达到1%。这说明，在投资者情绪低迷时，管理层自愿业绩预告的动机更强，随着投资者情绪的逐渐高涨，管理层自愿业绩预告的动机减弱，因而验证了假设4－1。这一结果与佰格曼和罗伊乔杜里（Bergman and Roychowdhury，2008）的研究结论一致，该文献也发现，在市场情绪低迷时期，为了修正投资者的悲观预期，管理层增加了盈余预测的频率。在控制变量中，Size、Debt和Loss的回归系数显著为负，说明规模较大、财务风险较高、业绩亏损的公司，自愿业绩预告的动机更小；Growth的回归系数显著为负，说明由于较高的私有信息成本，成长性较高的公司其自愿业绩预告的动机越小。其他控制变量对管理层自愿业绩预告行为没有显著影响。

表4－4　投资者情绪与管理层自愿业绩预告

变量	Index		Momentum	
	系数	Z值	系数	Z值
Sentiment	－0.151***	－5.71	－0.144***	－3.93
ROA	0.023	0.03	0.007	0.01
Size	－0.066**	－2.25	－0.075**	－2.55
Debt	－0.272**	－2.47	－0.264**	－2.41
Growth	－0.063**	－2.02	－0.057*	－1.83
Volatility	－1.198	－1.18	－1.212	－1.20
Loss	－0.379***	－4.79	－0.375***	－4.79

续表

变量	Index		Momentum	
	系数	Z 值	系数	Z 值
Institute	-0.206	-1.49	-0.044	-0.33
Analyst	0.003	0.96	0.004	1.14
SOE	0.077	1.59	0.046	0.95
Duality	-0.059	-0.76	-0.047	-0.61
Indepen	0.154	0.33	0.200	0.43
_Con	-0.209	-0.30	-0.104	-0.15
Industry	YES		YES	
N	7 217		7 217	
Pseudo R^2	0.036		0.031	
Chi^2	111.39 ***		102.42 ***	

注：***、**、*分别代表1%、5%、10%的显著性水平。

(二) 投资者情绪与管理层业绩预告精确性

表4-5是假设4-2的多元回归结果。在全样本和强制业绩预告样本中，Index 的回归系数和 Momentum 的回归系数均显著为负；在自愿业绩预告样本中，Index 的回归系数不显著为负，Momentum 的回归系数在10%的水平上显著为负。这说明，当市场投资者情绪低落时，管理层在业绩预告尤其是强制业绩预告中更倾向于采用精确性高的方式，随着市场投资者情绪的逐渐高涨，管理层预告业绩的精确性逐渐下降，验证了假设4-2。可能的原因是，预测精确性的决定因素之一是管理层对公司预期收益的不确定性，当市场情绪低落时，悲观的投资者对信息披露质量更加苛刻，更加关注公司的会计盈余及其构成，因而降低了管理层对应计盈余的操控，提高了盈余信息的持续性，降低了管理层业绩预告的不确定性。

表 4 – 5　投资者情绪与管理层业绩预告精确性

变量	Index			Momentum		
	全样本	强制业绩预告样本	自愿业绩预告样本	全样本	强制业绩预告样本	自愿业绩预告样本
Sentiment	–0. 091 *** (–7. 62)	–0. 100 *** (–8. 28)	–0. 056 (–0. 85)	–0. 037 ** (–2. 06)	–0. 042 ** (–2. 29)	–0. 162 * (–1. 81)
ROA	0. 500 * (1. 68)	0. 270 (0. 88)	1. 392 (1. 37)	0. 427 (1. 45)	0. 190 (0. 62)	1. 382 (1. 40)
Size	–0. 104 *** (–6. 85)	–0. 115 *** (–7. 39)	0. 004 (0. 06)	–0. 107 *** (–6. 99)	–0. 118 *** (–7. 54)	–0. 006 (–0. 08)
Debt	–0. 100 * (–1. 91)	–0. 085 (–1. 61)	–0. 643 ** (–2. 36)	–0. 107 ** (–2. 03)	–0. 092 * (–1. 74)	–0. 648 ** (–2. 39)
Growth	–0. 013 (–0. 79)	–0. 010 (–0. 61)	–0. 178 ** (–2. 13)	–0. 011 (–0. 68)	–0. 008 (–0. 49)	–0. 185 ** (–2. 20)
Volatility	–1. 855 *** (–3. 43)	–1. 928 *** (–3. 50)	–3. 572 (–1. 56)	–1. 767 *** (–3. 25)	–1. 829 *** (–3. 30)	–4. 080 * (–1. 79)
Loss	–0. 109 *** (–2. 78)	–0. 149 *** (–3. 69)	–0. 060 (–0. 31)	–0. 099 ** (–2. 53)	–0. 135 *** (–3. 36)	–0. 081 (–0. 42)
Institute	0. 184 *** (2. 67)	0. 211 *** (2. 99)	–0. 184 (–0. 73)	0. 281 *** (4. 09)	0. 321 *** (4. 57)	–0. 097 (–0. 38)
Analyst	0. 007 *** (4. 26)	0. 007 *** (4. 32)	0. 005 (0. 70)	0. 007 *** (4. 52)	0. 008 *** (4. 62)	0. 005 (0. 74)
SOE	0. 035 (1. 35)	0. 034 (1. 31)	0. 040 (0. 37)	0. 013 (0. 53)	0. 011 (0. 41)	0. 032 (0. 29)
Duality	–0. 032 (–0. 83)	–0. 015 (–0. 39)	–0. 308 * (–1. 67)	–0. 034 (–0. 87)	–0. 018 (–0. 46)	–0. 273 (–1. 50)
Indepen	–0. 003 (–0. 01)	–0. 025 (–0. 10)	0. 130 (0. 15)	0. 031 (0. 13)	0. 015 (0. 06)	0. 125 (0. 14)
Date	–0. 312 *** (–12. 21)	–0. 241 *** (–9. 27)	–1. 093 *** (–10. 19)	–0. 331 *** (–13. 04)	–0. 263 *** (–10. 18)	–1. 098 *** (–10. 36)
_Cons	4. 856 *** (14. 46)	5. 008 *** (14. 62)	4. 901 *** (3. 45)	4. 861 *** (14. 41)	5. 015 *** (14. 55)	5. 059 *** (3. 54)
Industry	YES	YES	YES	YES	YES	YES
N Adj_R^2 F	7 217 0. 058 19. 393 ***	6 738 0. 056 17. 167 ***	479 0. 243 9. 918 ***	7 217 0. 052 16. 577 ***	6 738 0. 048 14. 028 ***	479 0. 246 10. 463 ***

注：***、**、*分别代表1%、5%、10%的显著性水平。

在控制变量中，规模越大、财务风险越高、业绩亏损、盈余波动性大的公司更倾向于采用模糊、精确性较低的业绩预告方式；随着机构投资者持股比例的增加，管理层业绩预告精确性显著提高；跟进分析师数量越多，即受市场关注程度较高的公司，采用了更精确的业绩预告方式；Date 的回归系数显著为负，说明预告时间越早，管理层对未来盈余的不确定性信念越高，从而降低了业绩预告的精确性。在多数情况下，其他控制变量，如公司业绩、成长性、产权性质和董事会特征等，对业绩预告的精确性没有显著影响。

（三）投资者情绪与管理层业绩预告态度倾向

表 4－6 是假设 4－3 的多元回归分析结果，可以发现，无论是全样本、强制业绩预告样本或是自愿业绩预告样本，Sentiment 的回归系数均显著为负。这说明，当市场投资者情绪悲观时，理性的管理层采取了相对乐观的态度进行业绩预告，试图改变投资者对公司未来业绩的悲观预期；随着投资者情绪的逐渐高涨，管理层业绩预告的态度逐渐悲观，以试图扭转投资者过度乐观的情绪，从而验证了假设 4－3b。在控制变量中，盈利能力较强、成长性较高、跟进分析师数量较多的公司，在一定程度上采用了相对保守的预告态度，亏损公司业绩预告的态度倾向更为乐观。

表 4－6　　投资者情绪与管理层业绩预告态度倾向

变量	Index			Momentum		
	全样本	强制业绩预告样本	自愿业绩预告样本	全样本	强制业绩预告样本	自愿业绩预告样本
Sentiment	－0.030* （－1.92）	－0.027* （－1.70）	－0.148** （－2.03）	－0.093*** （－3.97）	－0.092*** （－3.81）	－0.195* （－1.82）
ROA	－0.426* （－1.70）	－0.299 （－1.20）	－4.059** （－2.19）	－0.383 （－1.56）	－0.246 （－1.00）	－4.234** （－2.28）
Size	0.015 （0.85）	0.025 （1.32）	－0.097 （－1.38）	0.011 （0.59）	0.020 （1.06）	－0.110 （－1.53）

续表

变量	Index			Momentum		
	全样本	强制业绩预告样本	自愿业绩预告样本	全样本	强制业绩预告样本	自愿业绩预告样本
Debt	-0.055 (-1.11)	-0.068 (-1.35)	0.140 (0.34)	-0.046 (-0.94)	-0.058 (-1.18)	0.176 (0.43)
Growth	-0.054** (-2.56)	-0.058*** (-2.70)	0.032 (0.30)	-0.050** (-2.30)	-0.054** (-2.44)	0.043 (0.40)
Volatility	-0.440 (-0.82)	-0.351 (-0.64)	-0.713 (-0.18)	-0.453 (-0.85)	-0.362 (-0.67)	-1.167 (-0.30)
Loss	0.197*** (5.12)	0.208*** (5.29)	-0.005 (-0.03)	0.195*** (5.07)	0.206*** (5.24)	-0.058 (-0.30)
Institute	0.040 (0.50)	-0.010 (-0.13)	0.668** (2.20)	0.085 (1.09)	0.032 (0.39)	0.803*** (2.63)
Analyst	-0.004** (-2.00)	-0.004* (-1.93)	-0.006 (-0.89)	-0.004** (-1.99)	-0.004* (-1.92)	-0.005 (-0.79)
SOE	0.028 (0.93)	0.022 (0.70)	0.128 (1.08)	0.022 (0.73)	0.017 (0.54)	0.096 (0.82)
Duality	-0.020 (-0.45)	-0.038 (-0.83)	0.283 (1.34)	-0.016 (-0.36)	-0.034 (-0.75)	0.285 (1.38)
Indepen	-0.090 (-0.34)	-0.151 (-0.55)	0.960 (1.03)	-0.107 (-0.41)	-0.167 (-0.61)	0.981 (1.06)
Date	-0.027 (-0.93)	-0.043 (-1.42)	0.115 (0.96)	-0.018 (-0.61)	-0.033 (-1.09)	0.112 (0.93)
_Cons	1.858*** (4.54)	1.648*** (3.84)	4.344*** (3.14)	1.943*** (4.76)	1.739*** (4.06)	4.495*** (3.19)
Industry	YES	YES	YES	YES	YES	YES
N	3 890	3 629	261	3 890	3 629	261
Adj_R^2	0.015	0.016	0.027	0.020	0.021	0.026
F	3.406***	3.361***	3.175***	3.712***	3.670***	3.147***

注：***、**、*分别代表1%、5%、10%的显著性水平。

三、进一步分析

斯金纳（Skinner，1994）指出，由于在信息披露中面临不对称损失函数，管理层对好消息和坏消息将采取不同的业绩预告方式。

因此，我们进一步分析了不同情绪期间、不同性质的消息对管理层业绩预告行为的影响，回归结果见表 4－7。GNEWS 是好消息的虚拟变量，如果业绩预告为好消息（扭亏、预增、略增和续盈），GNEWS 取值为 1；如果业绩预告为坏消息（首亏、预减、略减、续亏），GNEWS 取值为 0。业绩预告精确性的回归结果显示，当我们以 Index 作为投资者情绪的代理变量时，Sentiment × GNEWS 的回归系数显著为正，说明在投资者情绪高涨时，管理层提高了好消息的预告精确性。随着投资者情绪的逐步高涨，即相对于好消息，管理层对坏消息采取了更为模糊的预告方式。但是，当我们以 Momentum 作为投资者情绪的代理变量时，以上结果没有得到验证。业绩预告态度倾向的回归结果显示，GNEWS 的回归系数显著为负，说明管理层对好消息使用了较为悲观的预告倾向，即相对于好消息，管理层对坏消息则采用了较为乐观的预告倾向。Sentiment × GNEWS 的回归系数显著为正，说明相对于好消息，当市场情绪低落时，管理层对坏消息的乐观倾向更加显著；随着投资者情绪的不断高涨，管理层对坏消息的乐观倾向逐渐减弱，可能的原因是投资者情绪乐观时，坏消息对公司股价的负面影响较小。

表 4－7　投资者情绪、消息性质与管理层业绩预告披露方式

变量	业绩预告精确性		业绩预告态度倾向	
	Index	Momentum	Index	Momentum
Sentiment	−0.146*** (−5.30)	−0.034 (−0.85)	−0.109*** (−3.70)	−0.229*** (−6.19)
GNEWS	0.046 (1.36)	0.047 (1.38)	−0.126*** (−3.49)	−0.133*** (−3.54)
Sentiment × GNEWS	0.071** (2.39)	−0.011 (−0.25)	0.111*** (3.30)	0.197*** (4.32)
ROA	0.366 (1.18)	0.326 (1.07)	−0.195 (−0.77)	−0.186 (−0.76)
Size	−0.104*** (−6.88)	−0.106*** (−6.96)	0.010 (0.59)	0.005 (0.30)

续表

变量	业绩预告精确性		业绩预告态度倾向	
	Index	Momentum	Index	Momentum
Debt	-0.101 * (-1.93)	-0.111 ** (-2.11)	-0.040 (-0.80)	-0.035 (-0.73)
Growth	-0.021 (-1.23)	-0.015 (-0.90)	-0.046 ** (-2.15)	-0.047 ** (-2.21)
Volatility	-1.823 *** (-3.35)	-1.733 *** (-3.16)	-0.605 (-1.14)	-0.624 (-1.18)
Loss	-0.081 * (-1.95)	-0.083 ** (-2.01)	0.158 *** (3.86)	0.175 *** (4.28)
Institute	0.162 ** (2.32)	0.270 *** (3.91)	0.064 (0.80)	0.119 (1.52)
Analyst	0.007 *** (4.35)	0.007 *** (4.54)	-0.003 * (-1.86)	-0.003 * (-1.85)
SOE	0.031 (1.21)	0.013 (0.49)	0.023 (0.76)	0.017 (0.59)
Duality	-0.031 (-0.81)	-0.035 (-0.88)	-0.016 (-0.35)	-0.009 (-0.21)
Indepen	0.001 (0.01)	0.037 (0.15)	-0.093 (-0.35)	-0.094 (-0.36)
Date	-0.312 *** (-12.23)	-0.331 *** (-13.03)	-0.024 (-0.82)	-0.016 (-0.56)
_Cons	4.843 *** (14.37)	4.830 *** (14.27)	2.024 *** (4.96)	2.096 *** (5.13)
Industry	YES	YES	YES	YES
N	7 217	7 217	3 890	3 890
Adj_R^2	0.059	0.052	0.020	0.026
F	18.334 ***	15.566 ***	4.173 ***	5.084 ***

注：***、**、*分别代表1%、5%、10%的显著性水平。

四、稳健性检验

为了检验结论的可靠性，我们做了以下稳健性测试：

第一，本章采用有序变量衡量了管理层业绩预告的精确性和预告态度倾向，因此，我们也运用有序的逻辑回归方法（ordinal

logit）对研究结果进行稳健性检验，检验结果见表4－8～表4－10，研究结论保持不变。

表4－8　投资者情绪与管理层业绩预告精确性：ordinal logit 回归

变量	Index			Momentum		
	全样本	强制业绩预告样本	自愿业绩预告样本	全样本	强制业绩预告样本	自愿业绩预告样本
Sentiment	－0.156*** (－7.67)	－0.175*** (－8.33)	－0.094 (－0.73)	－0.067** (－2.18)	－0.075** (－2.38)	－0.260 (－1.51)
ROA	0.769 (1.26)	0.294 (0.45)	6.281** (2.00)	0.592 (1.25)	0.094 (0.19)	6.089* (1.93)
Size	－0.182*** (－6.68)	－0.205*** (－7.22)	0.086 (0.71)	－0.187*** (－7.07)	－0.210*** (－7.65)	0.066 (0.54)
Debt	－0.236** (－1.98)	－0.208* (－1.70)	－2.011*** (－3.05)	－0.251*** (－2.85)	－0.226** (－2.52)	－2.016*** (－3.05)
Growth	－0.022 (－0.75)	－0.017 (－0.55)	－0.360** (－1.99)	－0.019 (－0.69)	－0.014 (－0.47)	－0.372** (－2.05)
Volatility	－3.773*** (－3.46)	－3.907*** (－3.44)	－12.714** (－2.29)	－3.589*** (－4.02)	－3.699*** (－4.03)	－13.467** (－2.41)
Loss	－0.218*** (－2.72)	－0.298*** (－3.54)	－0.004 (－0.01)	－0.199*** (－3.11)	－0.272*** (－4.11)	－0.027 (－0.09)
Institute	0.309** (2.54)	0.376*** (2.98)	－0.699 (－1.37)	0.466*** (3.94)	0.555*** (4.51)	－0.536 (－1.04)
Analyst	0.012*** (4.28)	0.012*** (4.33)	0.004 (0.33)	0.013*** (4.46)	0.013*** (4.57)	0.005 (0.40)
SOE	0.058 (1.30)	0.059 (1.28)	0.057 (0.29)	0.017 (0.39)	0.012 (0.27)	0.044 (0.23)
Duality	－0.074 (－1.10)	－0.049 (－0.70)	－0.559* (－1.79)	－0.076 (－1.11)	－0.052 (－0.74)	－0.509 (－1.64)
Independ	－0.010 (－0.02)	－0.026 (－0.06)	－0.757 (－0.46)	0.071 (0.17)	0.065 (0.15)	－0.789 (－0.48)
Date	－0.517*** (－11.67)	－0.408*** (－8.92)	－1.767*** (－8.49)	－0.552*** (－12.55)	－0.450*** (－9.86)	－1.784*** (－8.61)
cut1_cons	－5.472*** (－9.12)	－5.912*** (－9.49)	－15.993 (－0.04)	－5.470*** (－9.23)	－5.903*** (－9.60)	－17.351 (－0.03)
cut2_cons	－4.126*** (－6.89)	－4.453*** (－7.16)	－15.821 (－0.04)	－4.130*** (－6.99)	－4.452*** (－7.27)	－17.179 (－0.03)

续表

变量	Index			Momentum		
	全样本	强制业绩预告样本	自愿业绩预告样本	全样本	强制业绩预告样本	自愿业绩预告样本
cut3_cons	-2.910*** (-4.87)	-3.243*** (-5.23)	-14.241 (-0.04)	-2.921*** (-4.95)	-3.251*** (-5.31)	-15.594 (-0.02)
Industry	YES	YES	YES	YES	YES	YES
N	7 217	6 738	479	7 217	6 738	479
Pseudo R^2	0.023	0.022	0.141	0.020	0.019	0.142
Chi - Square	421.27***	373.64***	159.29***	398.03***	347.56***	161.07***

注：***、**、*分别代表1%、5%、10%的显著性水平。

表4-9　投资者情绪与管理层业绩预告态度倾向：ordinal logit 回归

变量	Index			Momentum		
	全样本	强制业绩预告样本	自愿业绩预告样本	全样本	强制业绩预告样本	自愿业绩预告样本
Sentiment	-0.072** (-2.19)	-0.065* (-1.95)	-0.400** (-2.10)	-0.224*** (-4.91)	-0.219*** (-4.71)	-0.486* (-1.94)
ROA	-0.751 (-1.34)	-0.503 (-0.89)	-10.034** (-2.38)	-0.664 (-1.19)	-0.401 (-0.71)	-10.312** (-2.43)
Size	0.033 (0.86)	0.054 (1.32)	-0.251 (-1.50)	0.020 (0.50)	0.040 (0.97)	-0.296* (-1.75)
Debt	-0.099 (-0.90)	-0.125 (-1.12)	0.314 (0.34)	-0.076 (-0.69)	-0.103 (-0.92)	0.446 (0.49)
Growth	-0.127*** (-3.03)	-0.136*** (-3.18)	0.114 (0.45)	-0.125*** (-2.98)	-0.134*** (-3.12)	0.133 (0.53)
Volatility	-1.194 (-1.01)	-0.991 (-0.82)	-2.481 (-0.27)	-1.240 (-1.04)	-1.026 (-0.85)	-3.713 (-0.40)
Loss	0.427*** (5.10)	0.446*** (5.20)	-0.008 (-0.02)	0.421*** (5.03)	0.439*** (5.12)	-0.133 (-0.31)
Institute	0.094 (0.55)	-0.013 (-0.07)	1.745** (2.41)	0.211 (1.26)	0.098 (0.57)	2.042*** (2.81)
Analyst	-0.008** (-2.03)	-0.008** (-1.96)	-0.012 (-0.80)	-0.008** (-1.96)	-0.008* (-1.92)	-0.010 (-0.64)
SOE	0.062 (0.97)	0.049 (0.74)	0.356 (1.36)	0.044 (0.70)	0.033 (0.51)	0.282 (1.08)
Duality	-0.041 (-0.43)	-0.080 (-0.81)	0.749 (1.59)	-0.036 (-0.38)	-0.076 (-0.77)	0.715 (1.54)
Independ	-0.218 (-0.39)	-0.331 (-0.56)	2.315 (1.04)	-0.245 (-0.43)	-0.357 (-0.61)	2.426 (1.10)

续表

变量	Index			Momentum		
	全样本	强制业绩预告样本	自愿业绩预告样本	全样本	强制业绩预告样本	自愿业绩预告样本
Date	-0.059 (-0.94)	-0.093 (-1.43)	0.302 (1.11)	-0.040 (-0.64)	-0.072 (-1.11)	0.265 (0.98)
cut1_cons	-0.178 (-0.20)	0.295 (0.32)	-19.026 (-0.02)	-0.434 (-0.49)	0.030 (0.03)	-19.649 (-0.02)
cut2_cons	0.772 (0.87)	1.230 (1.33)	-17.715 (-0.02)	0.520 (0.59)	0.969 (1.05)	-18.341 (-0.02)
Industry	YES	YES	YES	YES	YES	YES
N	3 890	3 629	261	3 890	3 629	261
Pseudo R^2	0.010	0.011	0.063	0.013	0.013	0.062
Chi^2	85.31***	84.24***	35.79***	105.17***	103.12***	34.94***

注：***、**、*分别代表1%、5%、10%的显著性水平。

表4-10 投资者情绪、消息性质与管理层业绩预告披露方式：ordinal logit 回归

变量	业绩预告精确性		业绩预告态度倾向	
	Index	Momentum	Index	Momentum
Sentiment	-0.326*** (-7.09)	-0.070 (-1.10)	-0.233*** (-3.67)	-0.480*** (-5.67)
GNEWS	0.035 (0.61)	0.046 (0.80)	-0.260*** (-3.37)	-0.273*** (-3.41)
Sentiment × GNEWS	0.209*** (4.11)	-0.002 (-0.02)	0.230*** (3.17)	0.395*** (3.94)
ROA	0.590 (1.19)	0.476 (0.96)	-0.325 (-0.56)	-0.341 (-0.59)
Size	-0.185*** (-7.01)	-0.186*** (-7.05)	0.024 (0.61)	0.009 (0.24)
Debt	-0.233*** (-2.63)	-0.257*** (-2.90)	-0.069 (-0.63)	-0.054 (-0.49)
Growth	-0.033 (-1.17)	-0.024 (-0.82)	-0.105** (-2.47)	-0.110*** (-2.58)
Volatility	-3.721*** (-4.15)	-3.513*** (-3.91)	-1.500 (-1.26)	-1.570 (-1.32)
Loss	-0.176*** (-2.61)	-0.182*** (-2.69)	0.346*** (3.88)	0.381*** (4.24)
Institute	0.275** (2.27)	0.456*** (3.83)	0.149 (0.87)	0.281* (1.66)

续表

变量	业绩预告精确性		业绩预告态度倾向	
	Index	Momentum	Index	Momentum
Analyst	0.012 *** (4.26)	0.013 *** (4.46)	-0.007 * (-1.84)	-0.007 * (-1.80)
SOE	0.050 (1.12)	0.016 (0.37)	0.052 (0.81)	0.034 (0.53)
Duality	-0.071 (-1.05)	-0.076 (-1.12)	-0.030 (-0.31)	-0.017 (-0.18)
Independ	-0.004 (-0.01)	0.077 (0.18)	-0.260 (-0.46)	-0.248 (-0.44)
Date	-0.518 *** (-11.69)	-0.553 *** (-12.55)	-0.050 (-0.80)	-0.037 (-0.59)
cut1_cons	-5.517 *** (-9.28)	-5.438 *** (-9.15)	-0.525 (-0.59)	-0.748 (-0.84)
cut2_cons	-4.166 *** (-7.03)	-4.098 *** (-6.91)	0.430 (0.48)	0.211 (0.24)
cut3_cons	-2.950 *** (-4.98)	-2.890 *** (-4.88)		
Industry	YES	YES	YES	YES
N	7 217	7 217	3 890	3 890
Pseudo R^2	0.024	0.020	0.013	0.015
Chi^2	466.201 ***	398.689 ***	105.385 ***	127.517 ***

注：***、**、* 分别代表 1%、5%、10% 的显著性水平。

第二，我们也采用月新增投资者开户数作为投资者情绪的直接度量指标，发现情绪对自愿业绩预告动机和预告精确性具有显著影响，情绪对不同消息性质的预告态度倾向也具有显著影响，见表 4-11 ~ 表 4-13。

表 4-11　投资者情绪与管理层自愿业绩预告：ACCOUNT

变量	系数	T 值
ACCOUNT	-0.140 ***	-6.09
ROA	-0.014	-0.02
Size	-0.071 **	-2.43
Debt	-0.269 **	-2.42
Growth	-0.058 *	-1.87

续表

变量	系数	T 值
Volatility	-1.328	-1.30
Loss	-0.377 ***	-4.76
Institute	-0.064	-0.47
Analyst	0.004	1.14
SOE	0.097 **	1.98
Duality	-0.042	-0.54
Indepen	0.291	0.63
_Con	-0.098	-0.14
Industry	YES	
N	7 217	
Pseudo R^2	0.044	
Chi^2	115.11 ***	

注：***、**、*分别代表1%、5%、10%的显著性水平。

表4-12 投资者情绪、管理层业绩预告精确性与态度倾向：ACCOUNT

变量	业绩预告精确性			业绩预告态度倾向		
	全样本	强制业绩预告样本	自愿业绩预告样本	全样本	强制业绩预告样本	自愿业绩预告样本
ACCOUNT	-0.015 * (-1.77)	-0.019 ** (-2.24)	-0.030 (-0.61)	-0.010 (-0.98)	-0.011 (-1.05)	-0.019 (-0.37)
ROA	0.399 (1.60)	0.160 (0.62)	1.383 (1.21)	-0.447 * (-1.78)	-0.315 (-1.26)	-4.113 ** (-2.19)
Size	-0.105 *** (-6.96)	-0.116 *** (-7.50)	0.005 (0.08)	0.015 (0.82)	0.024 (1.28)	-0.105 (-1.46)
Debt	-0.109 ** (-2.45)	-0.094 ** (-2.11)	-0.649 ** (-2.21)	-0.056 (-1.13)	-0.069 (-1.37)	0.215 (0.52)
Growth	-0.013 (-0.80)	-0.010 (-0.60)	-0.174 * (-1.81)	-0.052 ** (-2.51)	-0.057 *** (-2.66)	0.052 (0.52)
Volatility	-1.765 *** (-3.70)	-1.833 *** (-3.79)	-3.585 (-1.51)	-0.413 (-0.77)	-0.331 (-0.61)	-0.358 (-0.09)
Loss	-0.100 *** (-2.92)	-0.137 *** (-3.94)	-0.061 (-0.36)	0.200 *** (5.20)	0.211 *** (5.36)	-0.044 (-0.23)
Institute	0.270 *** (3.97)	0.308 *** (4.40)	-0.137 (-0.49)	0.066 (0.84)	0.013 (0.16)	0.745 ** (2.42)

续表

变量	业绩预告精确性			业绩预告态度倾向		
	全样本	强制业绩预告样本	自愿业绩预告样本	全样本	强制业绩预告样本	自愿业绩预告样本
Analyst	0.007*** (4.36)	0.008*** (4.45)	0.005 (0.70)	-0.004* (-1.96)	-0.004* (-1.88)	-0.006 (-0.86)
SOE	0.019 (0.72)	0.018 (0.67)	0.039 (0.36)	0.025 (0.84)	0.020 (0.65)	0.118 (1.01)
Duality	-0.034 (-0.85)	-0.017 (-0.43)	-0.299* (-1.77)	-0.018 (-0.40)	-0.036 (-0.78)	0.278 (1.32)
Independ	0.040 (0.17)	0.025 (0.10)	0.171 (0.19)	-0.071 (-0.27)	-0.135 (-0.49)	1.126 (1.21)
Date	-0.334*** (-13.19)	-0.266*** (-10.28)	-1.096*** (-10.13)	-0.032 (-1.11)	-0.048 (-1.58)	0.106 (0.87)
_cons	4.836*** (14.25)	4.992*** (14.39)	4.873*** (3.20)	1.862*** (4.55)	1.657*** (3.86)	4.348*** (3.10)
Industry	YES	YES	YES	YES	YES	YES
N	7 217	6 738	479	3 890	3 629	261
Adj_R^2	0.051	0.047	0.242	0.014	0.016	0.013
F	16.639***	14.430***	7.108***	3.318***	3.310***	3.523***

注：***、**、*分别代表1%、5%、10%的显著性水平。

表4-13 投资者情绪、消息性质与管理层业绩预告披露方式：ACCOUNT

变量	业绩预告精确性		业绩预告态度倾向	
	系数	T值	系数	T值
ACCOUNT	-0.009	-0.47	-0.077***	-3.80
GNEWS	0.048	1.18	-0.224***	-5.00
ACCOUNT × GNEWS	-0.006	-0.29	0.091***	3.92
ROA	0.299	0.98	-0.193	-0.77
Size	-0.104***	-6.83	0.008	0.47
Debt	-0.113**	-2.14	-0.043	-0.88
Growth	-0.017	-0.99	-0.043**	-2.05
Volatility	-1.739***	-3.18	-0.593	-1.11
Loss	-0.085**	-2.05	0.164***	4.00
Institute	0.260***	3.77	0.094	1.20
Analyst	0.007***	4.53	-0.003*	-1.84
SOE	0.017	0.67	0.020	0.67

续表

变量	业绩预告精确性		业绩预告态度倾向	
	系数	T 值	系数	T 值
Duality	-0. 034	-0. 88	-0. 015	-0. 33
Independ	0. 045	0. 18	-0. 074	-0. 28
Date	-0. 334 ***	-13. 16	-0. 030	-1. 02
_cons	4. 797 ***	14. 11	2. 115 ***	5. 16
Industry	YES		YES	
N	7 217		3 890	
Adj_R^2	0. 051		0. 021	
F	15. 704 ***		4. 265 ***	

注：***、**、*分别代表1%、5%、10%的显著性水平。

第三，在中国资本市场，上市公司只有年度财务报告需要审计，因此，在不同的情绪期间，管理层对季报和年报的业绩预告策略可能存在差异。我们将样本分为季报业绩预告和年报业绩预告两组，表4-14～表4-20的分组检验结果表明，相对于年报业绩预告，由于季报无需审计，管理层具有更多的操纵空间、采用了更全面的预告策略，投资者情绪显著影响了季报业绩预告的自愿披露动机、精确性和态度倾向；此外，投资者情绪显著影响了年报业绩预告的自愿披露动机和精确性。即剔除年报审计可能对管理层年报业绩预告行为的影响，本章研究结论保持不变。

表4-14　投资者情绪与管理层自愿业绩预告：季报和年报

变量	季报		年报	
	Index	Momentum	Index	Momentum
Sentiment	-0. 104 *** (-3. 53)	-0. 113 *** (-2. 83)	-0. 286 *** (-4. 74)	-0. 179 ** (-2. 12)
ROA	-0. 880 (-1. 10)	-0. 985 (-1. 24)	0. 232 (0. 26)	0. 221 (0. 25)
Size	-0. 089 ** (-2. 32)	-0. 097 ** (-2. 53)	-0. 043 (-0. 98)	-0. 055 (-1. 25)
Debt	-0. 350 *** (-2. 73)	-0. 337 *** (-2. 63)	-0. 201 (-1. 10)	-0. 209 (-1. 11)

续表

变量	季报		年报	
	Index	Momentum	Index	Momentum
Growth	-0.045 (-1.31)	-0.042 (-1.22)	-0.062 (-0.97)	-0.050 (-0.79)
Volatility	-0.737 (-0.62)	-0.742 (-0.62)	-1.933 (-1.14)	-1.986 (-1.18)
Loss	-0.396 *** (-4.05)	-0.397 *** (-4.08)	-0.358 *** (-2.80)	-0.346 *** (-2.75)
Institute	-0.315 (-1.62)	-0.185 (-0.99)	-0.174 (-0.87)	0.045 (0.23)
Analyst	0.003 (0.73)	0.003 (0.82)	0.004 (0.82)	0.005 (1.13)
SOE	-0.025 (-0.40)	-0.047 (-0.75)	0.217 *** (2.78)	0.163 ** (2.13)
Duality	-0.021 (-0.21)	-0.011 (-0.11)	-0.101 (-0.80)	-0.090 (-0.73)
Independ	-0.476 (-0.77)	-0.453 (-0.73)	0.723 (1.02)	0.867 (1.21)
_cons	-2.644 *** (-3.25)	-2.544 *** (-3.13)	-0.683 (-0.69)	-0.540 (-0.54)
Industry	YES	YES	YES	YES
N	4 634	4 634	2 583	2 583
Pseudo R^2	0.042 1	0.039 5	0.048 1	0.035 2
Chi - Square	3 768.93 ***	3 976.28 ***	52.91 ***	43.31 ***

注：***、**、*分别代表1%、5%、10%的显著性水平。

表4-15　投资者情绪与管理层业绩预告精确性：季报

变量	Index			Momentum		
	全样本	强制业绩预告样本	自愿业绩预告样本	全样本	强制业绩预告样本	自愿业绩预告样本
Sentiment	-0.099 *** (-7.35)	-0.107 *** (-7.85)	-0.077 (-1.15)	-0.023 (-1.11)	-0.034 * (-1.68)	-0.047 (-0.41)
ROA	0.840 * (1.72)	0.566 (1.18)	6.283 ** (2.49)	0.629 (1.34)	0.353 (0.76)	6.103 ** (2.42)
Size	-0.099 *** (-5.23)	-0.114 *** (-5.93)	0.156 (1.63)	-0.101 *** (-5.30)	-0.117 *** (-6.05)	0.156 (1.59)
Debt	-0.130 ** (-2.04)	-0.111 * (-1.72)	-1.721 *** (-3.76)	-0.139 ** (-2.17)	-0.120 * (-1.84)	-1.689 *** (-3.69)

续表

变量	Index			Momentum		
	全样本	强制业绩预告样本	自愿业绩预告样本	全样本	强制业绩预告样本	自愿业绩预告样本
Growth	-0.009 (-0.45)	-0.007 (-0.40)	-0.162 (-1.58)	-0.008 (-0.40)	-0.007 (-0.35)	-0.154 (-1.51)
Volatility	-1.074 (-1.56)	-1.245* (-1.78)	-3.862 (-1.18)	-0.962 (-1.39)	-1.135 (-1.61)	-3.772 (-1.17)
Loss	-0.019 (-0.41)	-0.073 (-1.49)	0.290 (1.17)	-0.013 (-0.28)	-0.064 (-1.31)	0.272 (1.10)
Institute	0.292*** (3.28)	0.331*** (3.64)	-0.329 (-1.12)	0.412*** (4.67)	0.469*** (5.22)	-0.285 (-0.91)
Analyst	0.005** (2.48)	0.005** (2.54)	-0.004 (-0.45)	0.006*** (2.75)	0.006*** (2.84)	-0.004 (-0.46)
SOE	0.037 (1.17)	0.030 (0.92)	0.142 (0.97)	0.011 (0.36)	0.003 (0.08)	0.125 (0.87)
Duality	-0.033 (-0.69)	-0.020 (-0.41)	-0.391* (-1.80)	-0.037 (-0.77)	-0.026 (-0.54)	-0.367* (-1.76)
Independ	0.080 (0.26)	0.060 (0.19)	-0.494 (-0.42)	0.117 (0.38)	0.109 (0.36)	-0.506 (-0.44)
Date	-0.460*** (-14.77)	-0.382*** (-12.08)	-1.354*** (-9.56)	-0.472*** (-15.09)	-0.396*** (-12.43)	-1.363*** (-9.58)
_cons	4.714*** (11.34)	4.998*** (11.81)	2.171 (1.17)	4.678*** (11.20)	4.973*** (11.68)	2.222 (1.17)
Industry	YES	YES	YES	YES	YES	YES
N	4 634	4 361	273	4 634	4 361	273
Adj_R^2	0.081	0.076	0.332	0.071	0.064	0.330
F	18.690***	16.147***	16.523***	15.941***	13.174***	16.797***

注：***、**、*分别代表1%、5%、10%的显著性水平。

表4-16　　投资者情绪与管理层业绩预告精确性：年报

变量	Index			Momentum		
	全样本	强制业绩预告样本	自愿业绩预告样本	全样本	强制业绩预告样本	自愿业绩预告样本
Sentiment	-0.092*** (-3.40)	-0.108*** (-3.93)	0.054 (0.32)	-0.066* (-1.84)	-0.057 (-1.59)	-0.313*** (-2.61)
ROA	0.140 (0.35)	-0.021 (-0.05)	-0.458 (-0.51)	0.152 (0.37)	-0.021 (-0.05)	-0.309 (-0.35)
Size	-0.108*** (-4.24)	-0.110*** (-4.20)	-0.049 (-0.53)	-0.112*** (-4.41)	-0.114*** (-4.35)	-0.066 (-0.71)

续表

变量	Index			Momentum		
	全样本	强制业绩预告样本	自愿业绩预告样本	全样本	强制业绩预告样本	自愿业绩预告样本
Debt	-0.043 (-0.49)	-0.022 (-0.24)	-0.449 (-1.39)	-0.048 (-0.53)	-0.030 (-0.33)	-0.453 (-1.43)
Growth	-0.021 (-0.63)	-0.016 (-0.48)	-0.191 (-1.29)	-0.013 (-0.36)	-0.009 (-0.26)	-0.173 (-1.08)
Volatility	-3.157*** (-3.60)	-3.070*** (-3.42)	-8.061*** (-2.64)	-3.090*** (-3.51)	-2.982*** (-3.31)	-9.177*** (-3.08)
Loss	-0.294*** (-4.30)	-0.304*** (-4.29)	-0.629** (-2.22)	-0.280*** (-4.11)	-0.282*** (-4.00)	-0.643** (-2.27)
Institute	0.059 (0.54)	0.088 (0.78)	-0.037 (-0.08)	0.131 (1.19)	0.165 (1.46)	-0.057 (-0.13)
Analyst	0.008*** (3.22)	0.008*** (3.12)	0.008 (0.69)	0.009*** (3.42)	0.009*** (3.35)	0.009 (0.79)
SOE	0.032 (0.74)	0.050 (1.13)	-0.143 (-0.81)	0.014 (0.32)	0.027 (0.62)	-0.119 (-0.69)
Duality	-0.042 (-0.65)	-0.020 (-0.30)	-0.453 (-1.56)	-0.039 (-0.60)	-0.017 (-0.26)	-0.310 (-1.09)
Independ	-0.121 (-0.29)	-0.124 (-0.28)	0.296 (0.22)	-0.094 (-0.22)	-0.094 (-0.21)	0.070 (0.05)
Date	-0.048 (-1.05)	0.014 (0.30)	-0.756*** (-4.29)	-0.084* (-1.95)	-0.032 (-0.72)	-0.767*** (-4.47)
_cons	5.026*** (8.82)	4.923*** (8.39)	5.918*** (3.01)	5.102*** (8.94)	4.987*** (8.47)	6.324*** (3.26)
Industry	YES	YES	YES	YES	YES	YES
N	2 583	2 377	206	2 583	2 377	206
Adj_R^2	0.041	0.044	0.178	0.039	0.039	0.196
F	4.986***	4.890***	7.485***	4.600***	4.353***	8.547***

注：***、**、*分别代表1%、5%、10%的显著性水平。

表4-17　投资者情绪与管理层业绩预告态度倾向：季报

变量	Index			Momentum		
	全样本	强制业绩预告样本	自愿业绩预告样本	全样本	强制业绩预告样本	自愿业绩预告样本
Sentiment	-0.034* (-1.90)	-0.029 (-1.61)	-0.188** (-2.47)	-0.098*** (-3.93)	-0.097*** (-3.83)	-0.155 (-1.04)
ROA	-0.367 (-0.98)	-0.174 (-0.48)	-8.786*** (-3.50)	-0.360 (-0.96)	-0.153 (-0.42)	-8.990*** (-3.50)

续表

变量	Index			Momentum		
	全样本	强制业绩预告样本	自愿业绩预告样本	全样本	强制业绩预告样本	自愿业绩预告样本
Size	0.011 (0.48)	0.018 (0.76)	-0.087 (-0.68)	0.006 (0.25)	0.013 (0.54)	-0.114 (-0.87)
Debt	-0.039 (-0.62)	-0.057 (-0.91)	0.452 (0.65)	-0.029 (-0.48)	-0.049 (-0.80)	0.765 (1.14)
Growth	-0.058** (-2.38)	-0.061** (-2.50)	0.078 (0.52)	-0.059** (-2.46)	-0.063** (-2.57)	0.074 (0.46)
Volatility	0.011 (0.02)	-0.020 (-0.03)	5.913 (1.28)	0.004 (0.01)	-0.026 (-0.04)	6.015 (1.31)
Loss	0.183*** (3.90)	0.199*** (4.17)	-0.273 (-1.05)	0.178*** (3.80)	0.195*** (4.09)	-0.379 (-1.48)
Institute	0.038 (0.38)	-0.001 (-0.01)	0.672 (1.37)	0.088 (0.89)	0.041 (0.40)	0.748 (1.49)
Analyst	-0.004* (-1.89)	-0.004* (-1.79)	-0.009 (-0.85)	-0.004* (-1.88)	-0.004* (-1.79)	-0.007 (-0.73)
SOE	0.032 (0.86)	0.029 (0.76)	0.059 (0.32)	0.026 (0.71)	0.025 (0.65)	0.041 (0.21)
Duality	-0.023 (-0.41)	-0.039 (-0.68)	0.279 (0.81)	-0.022 (-0.40)	-0.038 (-0.67)	0.271 (0.79)
Independ	0.020 (0.06)	0.010 (0.03)	2.229 (1.13)	0.022 (0.07)	0.015 (0.04)	2.048 (1.05)
Date	-0.008 (-0.22)	-0.020 (-0.55)	0.183 (1.01)	0.008 (0.22)	-0.003 (-0.08)	0.205 (1.12)
_cons	1.898*** (3.55)	1.776*** (3.25)	2.346 (0.87)	1.988*** (3.72)	1.866*** (3.42)	2.925 (1.06)
Industry	YES	YES	YES	YES	YES	YES
N	2 469	2 346	123	2 469	2 346	123
Adj_R^2	0.016	0.018	0.032	0.021	0.023	0.009
F	2.564***	2.630***	2.170***	3.095***	3.187***	2.040***

注：***、**、*分别代表1%、5%、10%的显著性水平。

表4-18　投资者情绪与管理层业绩预告态度倾向：年报

变量	Index			Momentum		
	全样本	强制业绩预告样本	自愿业绩预告样本	全样本	强制业绩预告样本	自愿业绩预告样本
Sentiment	-0.002 (-0.07)	-0.009 (-0.25)	0.087 (0.57)	-0.075 (-1.61)	-0.075 (-1.56)	-0.071 (-0.39)

续表

变量	Index			Momentum		
	全样本	强制业绩预告样本	自愿业绩预告样本	全样本	强制业绩预告样本	自愿业绩预告样本
ROA	-0.610 (-1.59)	-0.487 (-1.27)	-3.844 (-1.32)	-0.569 (-1.50)	-0.445 (-1.18)	-3.619 (-1.28)
Size	0.016 (0.55)	0.028 (0.91)	-0.080 (-0.81)	0.011 (0.39)	0.023 (0.75)	-0.082 (-0.83)
Debt	-0.106 (-1.29)	-0.103 (-1.23)	0.018 (0.03)	-0.093 (-1.13)	-0.090 (-1.08)	0.024 (0.04)
Growth	-0.020 (-0.47)	-0.029 (-0.65)	0.001 (0.00)	-0.003 (-0.07)	-0.012 (-0.24)	-0.006 (-0.04)
Volatility	-1.374 (-1.61)	-1.182 (-1.35)	-2.398 (-0.34)	-1.422* (-1.68)	-1.220 (-1.41)	-3.095 (-0.44)
Loss	0.263*** (3.81)	0.263*** (3.70)	0.313 (0.84)	0.257*** (3.74)	0.258*** (3.64)	0.329 (0.90)
Institute	-0.001 (-0.01)	-0.074 (-0.55)	0.704 (1.57)	0.029 (0.22)	-0.037 (-0.27)	0.652 (1.48)
Analyst	-0.001 (-0.35)	-0.001 (-0.33)	-0.006 (-0.60)	-0.001 (-0.36)	-0.001 (-0.34)	-0.006 (-0.56)
SOE	0.029 (0.58)	0.018 (0.34)	0.136 (0.79)	0.028 (0.57)	0.017 (0.32)	0.126 (0.73)
Duality	0.001 (0.02)	-0.026 (-0.33)	0.309 (1.01)	0.006 (0.08)	-0.021 (-0.27)	0.321 (1.07)
Independ	-0.283 (-0.65)	-0.457 (-0.97)	0.861 (0.71)	-0.330 (-0.76)	-0.505 (-1.07)	0.745 (0.62)
Date	-0.080 (-1.58)	-0.103* (-1.93)	0.059 (0.28)	-0.073 (-1.49)	-0.098* (-1.90)	0.090 (0.45)
_cons	1.915*** (2.98)	1.608** (2.32)	4.109** (2.10)	2.012*** (3.14)	1.715** (2.48)	4.224** (2.17)
Industry	YES	YES	YES	YES	YES	YES
N	1 421	1 283	138	1 421	1 283	138
Adj_R^2	0.017	0.019	0.014	0.020	0.022	0.005
F	2.096***	2.094***	7.559***	2.165***	2.160***	3.587***

注：***、**、*分别代表1%、5%、10%的显著性水平。

表 4-19 投资者情绪、消息性质与管理层业绩预告披露方式：季报

变量	业绩预告精确性		业绩预告态度倾向	
	Index	Momentum	Index	Momentum
Sentiment	-0.155 *** (-5.24)	-0.004 (-0.09)	-0.138 *** (-4.20)	-0.225 *** (-5.32)
GNEWS	0.069 (1.59)	0.072 * (1.66)	-0.084 * (-1.82)	-0.094 * (-1.96)
Sentiment × GNEWS	0.074 ** (2.28)	-0.035 (-0.69)	0.144 *** (3.79)	0.184 *** (3.53)
ROA	0.535 (1.06)	0.447 (0.92)	-0.304 (-0.78)	-0.278 (-0.74)
Size	-0.101 *** (-5.33)	-0.100 *** (-5.28)	0.006 (0.27)	0.002 (0.07)
Debt	-0.131 ** (-2.04)	-0.145 ** (-2.24)	-0.029 (-0.47)	-0.024 (-0.40)
Growth	-0.020 (-1.01)	-0.013 (-0.67)	-0.054 ** (-2.19)	-0.058 ** (-2.37)
Volatility	-0.963 (-1.39)	-0.873 (-1.24)	-0.116 (-0.17)	-0.117 (-0.17)
Loss	0.021 (0.42)	0.009 (0.18)	0.164 *** (3.24)	0.173 *** (3.44)
Institute	0.263 *** (2.93)	0.394 *** (4.43)	0.043 (0.43)	0.114 (1.15)
Analyst	0.005 *** (2.59)	0.005 *** (2.74)	-0.004 * (-1.68)	-0.004 * (-1.73)
SOE	0.033 (1.03)	0.009 (0.30)	0.028 (0.75)	0.024 (0.64)
Duality	-0.032 (-0.67)	-0.038 (-0.79)	-0.018 (-0.32)	-0.015 (-0.27)
Independ	0.091 (0.30)	0.128 (0.42)	0.002 (0.01)	0.026 (0.08)
Date	-0.459 *** (-14.76)	-0.472 *** (-15.09)	-0.007 (-0.20)	0.010 (0.28)
_cons	4.705 *** (11.31)	4.634 *** (11.06)	2.045 *** (3.85)	2.090 *** (3.91)
Industry	YES	YES	YES	YES
N	4 634	4 634	2 469	2 469
Adj_R^2	0.083	0.072	0.022	0.026
F	17.887 ***	15.088 ***	3.097 ***	3.596 ***

注：***、**、* 分别代表 1%、5%、10% 的显著性水平。

表 4-20 投资者情绪、消息性质与管理层业绩预告披露方式：年报

变量	业绩预告精确性		业绩预告态度倾向	
	Index	Momentum	Index	Momentum
Sentiment	-0.122* (-1.68)	-0.122 (-1.37)	0.069 (1.14)	-0.149* (-1.81)
GNEWS	0.033 (0.59)	0.031 (0.54)	-0.195*** (-3.27)	-0.179*** (-2.89)
Sentiment × GNEWS	0.034 (0.45)	0.065 (0.66)	-0.073 (-1.06)	0.125 (1.28)
ROA	0.065 (0.15)	0.078 (0.18)	-0.203 (-0.53)	-0.230 (-0.61)
Size	-0.107*** (-4.21)	-0.113*** (-4.44)	0.008 (0.29)	0.004 (0.15)
Debt	-0.047 (-0.53)	-0.053 (-0.59)	-0.067 (-0.81)	-0.065 (-0.79)
Growth	-0.024 (-0.70)	-0.016 (-0.46)	-0.006 (-0.13)	-0.001 (-0.03)
Volatility	-3.170*** (-3.61)	-3.121*** (-3.54)	-1.495* (-1.79)	-1.570* (-1.89)
Loss	-0.283*** (-4.05)	-0.266*** (-3.80)	0.196*** (2.78)	0.212*** (2.98)
Institute	0.046 (0.42)	0.126 (1.14)	0.067 (0.51)	0.072 (0.56)
Analyst	0.008*** (3.23)	0.009*** (3.45)	-0.001 (-0.34)	-0.001 (-0.36)
SOE	0.031 (0.72)	0.013 (0.29)	0.028 (0.57)	0.022 (0.45)
Duality	-0.042 (-0.65)	-0.036 (-0.56)	-0.001 (-0.01)	0.008 (0.10)
Independ	-0.123 (-0.29)	-0.097 (-0.23)	-0.276 (-0.63)	-0.293 (-0.67)
Date	-0.049 (-1.07)	-0.087** (-2.02)	-0.073 (-1.44)	-0.069 (-1.41)
_cons	5.005*** (8.72)	5.109*** (8.93)	2.171*** (3.37)	2.242*** (3.49)
Industry	YES	YES	YES	YES
N	2 583	2 583	1 421	1 421
Adj_R^2	0.041	0.038	0.024	0.025
F	4.767***	4.294***	2.532***	2.665***

注：***、**、*分别代表1%、5%、10%的显著性水平。

第四节 研究结论

本章以沪深 A 股上市公司管理层业绩预告为研究对象，分别运用投资者情绪复合指数和动量指标作为投资者情绪的代理变量，从是否自愿披露业绩预告、业绩预告精确性以及业绩预告倾向等角度，衡量管理层业绩预告披露行为，实证考察了宏观市场层面的投资者情绪对微观企业信息披露策略的影响。该研究发现，第一，当资本市场投资者情绪低落时，管理层更可能自愿披露业绩预告。第二，当资本市场投资者情绪低落时，管理层采取了更为精确的方式预告业绩，随着投资者情绪的不断高涨，业绩预告精确性显著下降。第三，企业管理者是理性的，在市场情绪低迷时期，理性的管理层为了扭转投资者对未来业绩的悲观预期，采取了较为乐观的方式预告业绩；随着市场情绪的不断高涨，管理层业绩预告的态度逐渐悲观。第四，区分业绩预告消息性质后发现，相对于好消息，管理层对坏消息采取了更为乐观的态度倾向；尤其当市场情绪低落时，管理层对坏消息的乐观倾向更加显著。以上研究结果表明，除了微观公司层面的影响因素外，宏观市场层面的投资者情绪也是影响企业信息披露行为的重要因素。

鉴于投资者情绪存在的普遍性及其影响的重要性，本章可能的研究贡献包括以下三点。

第一，相关中文文献更关注投资者情绪对资产价格总体效应和横截面效应的影响，主要从资本投资、股利分配等角度检验了投资者情绪的经济后果。本章则从信息披露视角对投资者情绪的经济后果进行验证，因而丰富了中国资本市场投资者情绪的研究文献。

第二，区别于已有文献，本章将投资者情绪与上市公司的业绩预告行为联系起来，运用行为金融理论解释了市场层面的投资者情绪对微观企业信息披露策略的影响，拓展了信息披露尤其是业绩预告的研究文献。

第三，研究结果有助于投资者和监管部门识别不同情绪期间管理层的信息披露策略，为监管部门加强对上市公司信息披露行为的监管、保护投资者利益提供理论基础和经验证据。

第五章

企业的盈余管理策略是否在迎合投资者情绪

第一节　研究问题与研究假设

一、研究问题

盈余信息在投资决策中具有重要作用。基于资本市场动机、契约动机以及迎合政府监管或规避政府监管的动机，盈余管理成为上市公司的常见行为，也是会计学术界高度关注的问题。研究表明，宏观层面的制度与文化（Leuz et al.，2003；Guan et al.，2005；Han et al.，2010；潘越等，2010；陈冬华等，2013；陆瑶等，2017；陈德球和陈云森，2018）、中观层面的行业竞争（Markarian et al.，2014；温日光和汪剑锋，2018）和行业景气度（陈武朝，2013；刘玉玉和唐嘉尉，2017）等行业环境以及微观层面的公司治理（陈克兢，2018）、公司战略（叶康涛等，2015；孙健等，2016）或高管的道德与心理特征（陈冬华等，2018；周美华等，2018）等因素，将显著影响公司的盈余管理行为。但是，鲜有文献探讨宏观市场层面的投资者情绪对公司盈余管理策略的影响。

投资者情绪源于投资者错误的主观信念，可简要定义为投资者对股票市场总体乐观或总体悲观（Brown and Cliff，2004）。基于投资者非理性和经理人理性假说，行为金融学研究发现，投资者过分乐观或过分悲观的非理性信念，将驱动股票价格系统性地偏离其基础价值（Baker and Wurgler，2006）。针对市场的错误定价，理性的经理人将策略性地选择公司的投资、股利分配和财务报告等决策（Polk and Sapienza，2009；Brown et al.，2012），通过迎合投资者情绪驱动的预期而获取利益。在新兴加转轨的中国资本市场，投资者情绪波动幅度较大。那么，宏观市场层面的投资者情绪，是否也会通过迎合渠道对上市公司的财务报告策略产生影响？这是理论界和实务界共同关注和有待解决的重要问题。

此外，机构投资者行为及其对资本市场的影响，一直是会计和金融学术研究的热点。关于机构投资者的公司治理角色，已有研究尚未达成一致结论。一些研究发现，机构投资者在公司治理中扮演了“有效监督者”的角色，能够降低代理成本，有效地抑制经理人的盈余管理行为（程书强，2006；薄仙慧和吴联生，2009）。另一些研究认为，机构投资者很可能与上市公司管理层勾结，成为管理层的“战略合谋者”（姚颐等，2007；付勇和谭松涛，2008），利益交易难以有效地监督公司管理层，从而提高了盈余管理程度（李善民等，2011；杨海燕等，2012）。以上文献在分析机构投资者的公司治理角色时，忽视了对宏观市场情绪的考量，现实生活中机构投资者面临着很强的短期业绩压力（Shleifer and Vishny，1997）、会依据市场情绪投机（De Long et al.，1990）。针对不同市场情绪期间上市公司的财务报告策略，机构投资者将扮演何种角色？以上是本章需要研究解答的问题。

二、文献回顾

心理学和行为金融学研究表明，情绪与人类的判断和行为密切相关。投资者在涉及风险和不确定的投资决策时容易受到情绪的影响，从而改变其信息处理方式和风险态度，进而影响其投资决策和投资行为。因此，投资者情绪是决定证券价格的重要因素之一，股票价格在情绪高涨时被高估，在情绪低迷时被低估（Baker and Wurgler，2006；李小晗，2009）。针对以上错误定价，理性迎合理论认为，具有信息优势的公司经理人能够洞察投资者偏好、分辨市场情绪和错误定价，并通过包装公司决策行为来迎合投资者，从而实现收益最大化。例如，贝克和沃格勒（Baker and Wurgler，2004）发现，公司经理人能够洞察投资者对股利不断变化的需求，并制定相应的股利政策来迎合投资者的股利偏好，以此提高公司股价。库铂等（Cooper et al.，2005）发现，基金经理通过变更基金名称来迎合投资者对当期高收益投资基金的偏好。波尔克和萨皮恩扎（Polk and Sapienza，2009）检验了投资者情绪影响企业投资行为的迎合渠道假说，发现关注短期股票价格变化的经理人可能增加（减少）投资以主动迎合投资者高涨（悲观）的情绪。贝克等（Baker et al.，2009）运用迎合理论解释了公司的股票分割行为，发现当投资者偏好于低股价股票时，经理人会通过拆分公司股票、增加低股价股票的供给来迎合投资者需求。此外，外文会计文献还运用迎合理论为上市公司的财务报告策略提供了一个新的解释。例如，伯格曼和罗伊乔杜里（Bergman and Roychowdhury，2008）发现，在投资者情绪高涨期，公司经理人将减少业绩预告披露，以迎合投资者对公司未来业绩的乐观预期。布朗等（Brown et al.，2012）发现，公司经理人将披露更高的调整盈余（pro forma earnings）以迎合投资者受情绪驱动的业绩预期。针对中国资本市场，现有文献主要从投资决策视角，检验了公司经理人对投资者情绪的迎合反应及其影响因素（潘敏和朱迪星，2010）。目前，鲜有中文文献检验不同市场情绪状态下公司盈余管理的迎合动机。

继布舍尔（Bushee，1998）研究之后，关于机构投资者对盈余管理影响的外文文献观点趋于一致。即短期机构投资者偏好于短期利润，更倾向于支持经理人的盈余管理行为；长期机构投资者更关心企业的长远发展，可以有效地抑制公司的盈余管理行为。因此，盈余管理与短期机构投资者持股比例显著正相关，与长期机构投资者持股比例显著负相关（Koh，2007）。关于机构投资者在中国上市公司的治理作用，研究结论并不一致。一些研究发现，机构投资者持股比例与盈余管理负相关，机构投资者持股比例的增加能够显著降低非国有公司的正向盈余管理水平（程书强，2006；薄仙慧和吴联生，2009）。但是，另一些研究发现，中国机构投资者总体上并没有对上市公司盈余管理起到积极监督作用，机构投资者持股与盈余管理之间存在正相关关系；机构投资者持股降低了财务报告可靠性，特别是提高了公司的负向盈余管理水平（李善民等，2011；杨海燕等，2012）。以上文献在分析机构投资者持股与盈余管理的关系时，没有考虑宏观市场层面投资者情绪的影响。作为新兴证券市场，中国股票市场的投资者情绪波动剧烈。尤其是当市场出现系统性偏差导致股票价格偏离内在价值时，机构投资者并不是促使股票价格向内在价值回归，而是预测市场情绪并进行套利（De Long et al.，1990；陈国进等，2010）。由于投资者情绪显著影响了应计盈余的错误定价（Ali and Gurun，2009），在不同市场情绪期间，机构投资者对盈余管理的影响是否存在差别有待检验。

三、研究假设

（一）投资者情绪与盈余管理

行为金融研究指出，投资者并非完全理性，其投资决策容易受信念、偏好、情感和认知等心理因素的影响。正向的认知偏差导致投资者激进主义，形成过度乐观的情绪偏差；负向的认知偏差导致投资者保守主义，形成过度悲观的情绪偏差。受认知偏差影响及信息不确定、不对称的干扰，投资者非理性情绪越强，股票的错误定价程度越严重。针对这种错误定价，公司经理人将采取相应的迎合行为而获取利益（Baker and Wurgler，2004；Polk and Sapienza，2009）。

在投资者情绪高涨期，过度乐观的情绪偏差将导致投资者高估企业的未来业绩、低估企业风险；并且，当投资者情绪乐观时，分析师对企业的盈利预测和盈余增长预期也变得较为乐观，不仅会高估公司的未来盈余，也会给予股票较高的投资评级（Hribar and McInnis，2012；游家兴等，2013）。乐观的盈余预期和高投机性需求将对股票收益产生正面影响，投资者对好消息的市场反应更加积极（Mian and Sankaraguruswamy，2012），也将更少关注应计盈余和现金盈余的持续性差异，应计盈余的错误定价更加严重（Ali and Gurun，2009）。理性迎合理论认为，公司经理人非常关注短期股票价格变化。股票价格是经理人能力的重要评价指标，低股价更可能增加经理人被迫离职的概率，经理人股权激励计划也使得经理人的个人财富与公司股票价格密切相关。因此，短视的经理人可能在保护自身职位、最大化股权薪酬利益等动机下，为维持短期股价或推高短期股价而迎合市场预期（Polk and Sapienza，2009）。根据以上理论和文献可以推测，在投资者情绪高涨期，公司经理人更可能利用投资者对应计盈余的过高估价，通过正向盈余管理高估会计盈余来迎合投资者和分析师过度乐观的情绪和盈余预期，从而提高股票价格。

相对于情绪高涨期，在投资者情绪低落期，公司经理人更可能进行负向盈余管理、采取更稳健的财务报告策略。这是因为：第一，在投资者情绪低落期，过度悲观的情绪偏差将导致投资者低估企业的未来业绩、高估风险。经理人通过负向盈余管理低估会计盈余迎合投资者的悲观预期，可以获得会计稳健的美誉来实现自身利益最大化。第二，在投资者情绪低落期，分析师也会适时调低公司未来盈余的预测数字，在投资评级上趋于保守谨慎（Hribar and McInnis，2012；游家兴等，2013），经理人无需采用正向盈余管理手段也可达到分析师较低的盈余预期。第三，在投资者情绪低落期，负向认知偏差和悲观信念使得投资者采取了更加系统化和细节导向的信息处理方式，更倾向于对公司信息披露质量进行细致审查（Bless et al.，1996）；同时，监管部门将对公司实施更加严格的监管（Hirshleifer，2008）。与激进的会计政策和正向盈余管理相比，保守的会计政策可以提高盈余稳健性和盈余质量，更容易被“熊市重质”的投资者所接受；负向盈余管理通常打着会计稳健性的旗号，监管部门对其较少关注（陈武朝，2013）。为了减少诉讼风险、降低信息披露成本，公司经理人在市场情绪低落期也更可能采取负向的盈余管理策略。基于以上分析，我们提出以下假设：

假设5-1：上市公司将通过正向（负向）盈余管理，来主动迎合投资者高涨（悲观）的情绪。

（二）投资者情绪、机构持股与盈余管理

一般认为，机构投资者是长期投资者，但是，现实生活中机构

投资者面临着很强的短期业绩压力（Shleifer and Vishny，1997）。机构投资者，特别是证券投资基金的资金普遍来源于募集，委托资产“所有权”和“管理权”的分离，将导致资金提供者和投资管理人之间的委托—代理问题（Allen，2001）。投资经理人为了避免自身业绩落后于市场指数、同行业绩或历史业绩，往往倾向于选择能在短期内获得超额回报的投资策略，他们也会利用噪音交易者的市场情绪获取超额回报（De Long et al.，1990）。为了实现自身利益最大化，机构投资者甚至会采取一些败德行为与公司管理层合谋，凭借私有信息进行套利活动（Woidtke，2002）。与西方资本市场相比，中国机构投资者的短期行为更加严重。机构投资者成为股市暴涨、暴跌的助推器（陈国进等，2010），其羊群行为显著提高了公司股价未来崩盘的风险（许年行等，2013）；机构投资者与上市公司结为战略联盟，不仅没有实现对中小投资者利益的保护（姚颐等，2007），而且利用内幕交易获取了超额收益（付勇，谭松涛，2008）。综上所述，机构投资者自身的代理问题及其与上市公司经理人战略合谋的可能，均会降低其监督效果。

已有研究表明，基金历史业绩与资金流量之间存在显著的正相关性，中国基金投资者在“熊市”中倾向于忽视基金业绩。因为在“熊市”中投资者的风险厌恶程度将上升，其普遍亏损的困境将强化“处置效应”，当基金业绩上升时，他们更倾向于及早落袋为安（肖峻，2013）。在“熊市”中，投资者对基金业绩的忽视意味着，基金业绩的提升并不能增加相应的资金流入，因而削弱了基金管理人提升基金业绩的动机。此时，机构投资者可能并不会反对上市公司调减盈余的行为，因为调减当期盈余有利于公司未来盈余的增长和投资价值的提高。相反，中国基金投资者在“牛市”中热衷于“追逐业绩”（肖峻，2013），因此，随着市场情绪的不断高涨，基金管理人有更强烈的动机和更高的压力通过提升基金业绩来获得更多的资金流入，实现资产规模最大化目标。在牛市中，面临自身盈利压力时，持股量较大的机构投资者，很可能会放松对上市公司盈余管理的监管（Cheng and Reitenga，2009）。为了继续推动泡沫、提升股价进而出售获利，机构投资者甚至有动机支持或刺激上市公司的正向盈余管理行为。根据战略联盟假说，机构投资者与上市公司经理人之间存在互惠互利的关系，很可能引发双方勾结（Pound，1988）。机构投资者的短期行为不仅会使其自身获益，还会使高管获益。在市场情绪高涨期，配合机构投资者需求进行正向盈余管理，有助于增加公司经理人的薪酬回报，提高经理人声誉。基于以上分析，我们提出以下假设：

假设 5－2：机构持股显著提高了上市公司迎合性的盈余管理行为，尤其是在情绪高涨期，机构持股比例越高的公司，更可能增加正向盈余管理水平以迎合市场的乐观预期。

第二节 研究设计

一、研究模型

我们建立了以下研究模型，分别对本章的两个研究假设进行检验：

$$DA = \beta_0 + \beta_1 \times Sent + \Sigma\beta_{i+1} \times Control + \varepsilon \qquad (5-1)$$

$$DA = \beta_0 + \beta_1 \times Sent + \beta_2 \times Inst_{t-1} + \beta_3 \times Sent \times Inst_{t-1} + \Sigma\beta_{i+1} \times Control + \varepsilon \qquad (5-2)$$

在式（5－1）和式（5－2）中，DA 表示公司的盈余管理水平；Sent 表示市场的投资者情绪；Inst 表示机构投资者持股，我们分别以机构投资者持股比例（Inst_Ratio）和机构投资者持股虚拟变量（Inst_Dum）对机构投资者持股状态进行刻画，为了避免内生性问题，在模型中采用滞后变量检验，Control 为控制变量，ε 为随机扰动项。

二、变量定义

（一）盈余管理（DA）

本章采用德肖等（Dechow et al.，1995）提出的修正琼斯（Jones）模型来估计可操控性应计利润，从而度量公司的盈余管理水平。先计算总应计利润，然后用回归方法估计公司的正常应计利润，总应计利润和正常应计利润的差额，即为公司的可操控性应计利润。如果可操控性应计利润为正，表示正向盈余管理；反之，表示负向盈余管理。具体模型如下：

$$\frac{TA_{i,t}}{ASSET_{i,t-1}} = \partial_0 \frac{1}{ASSET_{i,t-1}} + \partial_1 \left(\frac{\Delta REV_{i,t}}{ASSET_{i,t-1}} - \frac{\Delta REC_{i,t}}{ASSET_{i,t-1}}\right) + \partial_2 \frac{PPE_{i,t}}{ASSET_{i,t-1}} + \varepsilon_{i,t} \tag{5-3}$$

$$DA_{i,t} = \frac{TA_{i,t}}{ASSET_{i,t-1}} - \left[\partial_0 \frac{1}{ASSET_{i,t-1}} + \partial_1 \left(\frac{\Delta REV_{i,t}}{ASSET_{i,t-1}} - \frac{\Delta REC_{i,t}}{ASSET_{i,t-1}}\right) + \partial_2 \frac{PPE_{i,t}}{ASSET_{i,t-1}}\right] \tag{5-4}$$

在式（5－3）和式（5－4）中，$TA_{i,t}$表示公司 i 第 t 期的总应计利润，等于公司 i 第 t 期的净利润减去当期经营活动现金流量净额；$\Delta REV_{i,t}$表示公司 i 第 t 期和第 t－1 期主营业务收入差额；$\Delta REC_{i,t}$表示公司 i 第 t 期和第 t－1 期应收账款净额差额；$PPE_{i,t}$表示公司 i 第 t 期的固定资产原值；$ASSET_{i,t-1}$表示公司 i 第 t－1 期的期末总资产；$DA_{i,t}$表示公司 i 第 t 期的可操控性应计利润。

（二）投资者情绪

如何准确度量投资者情绪，是行为金融研究的难点。近期，中外文文献主要选取了封闭式基金折价率、换手率、新增投资者开户数、IPO 数量、IPO 首日收益率等投资者情绪的代理变量，采用主成分分析法构建投资者情绪复合指数（Baker and Wurgler，2006；蒋玉梅和王明照，2010）。参考现有文献，我们也选取以上投资者情绪的代理变量，利用主成分分析法构建投资者情绪复合指数。其中，封闭式基金折价率（CEFD）为每月最后一个交易日，所有参与交易的封闭式基金的净值加权平均折价率；市场换手率（TURN）等于沪深两市各月的成交金额与市场流通市值的比值；新增开户数（ACCOUNT）为投资者月新开户数；IPO 首日收益率（RIPO）为月度内所有新股按价值加权的收益率；IPO 数量（NIPO）为每月公开发行募集资金数量。

由于投资者情绪指标中可能包含宏观经济基本面成分或理性预期成分（Baker and Wurgler，2006），为了剔除宏观经济因素的影响，我们选取居民消费价格指数、消费者信心指数和宏观经济景气指数作为宏观经济基本面的代理变量，将以上投资者情绪指标分别与宏观经济基本面代理变量做正交处理，提取残差作为新的投资者情绪指标，并对其标准化处理消除量纲后进行主成分分析，由此构建的投资者情绪复合指数如下：

$$\begin{aligned} Sent = & 0.193 \times CEFD + 0.226 \times TURN + 0.186 \times ACCOUNT \\ & + 0.194 \times RIPO + 0.204 \times NIPO \end{aligned} \quad (5-5)$$

（三）控制变量

借鉴姜付秀等（2013）、陈武朝（2013）等文献，我们还控制了以下影响盈余管理的因素：盈利能力、公司规模、财务杠杆、成长性、现金流量、盈余管理动机、上一期的盈余管理、审计质量（会计师事务所和审计意见）、产权性质、董事会独立性、董事长和总经理是否两职合一和行业虚拟变量。本章所涉及的变量及其定义，具体如表5-1所示。

表5-1　　　　变量定义

变量名称	变量符号	计算方法
盈余管理	DA	根据修正琼斯（Jones）模型估计的可操控性应计利润
投资者情绪	Sent	采用主成分分析法构建的投资者情绪复合指数
机构投资者持股	Inst_Ratio	季末机构投资者持股数量/季末总股数
	Inst_Dum	机构投资者持股比例大于中位数取值为1，否则取值为0
盈利能力	ROA	净利润/总资产
公司规模	Size	总资产的自然对数
财务杠杆	Lev	总负债/总资产
成长性	Growth	主营业务收入增长率
现金流量	CFO	当期经营活动现金净流量/期末总资产
盈余管理动机	Incentive	公司当年发生配股或增发为1，否则为0
上期盈余管理	LAG_DA	公司滞后一期的可操控性应计利润
会计师事务所	Audit	国际四大会计师事务所审计为1，否则为0
审计意见	Opinion	审计意见为标准无保留意见为1，否则为0
产权性质	SOE	产权性质属于国有为1，否则为0
董事会独立性	Indepen	独立董事人数/董事会规模
两职合一	Duality	董事长和总经理两职合一为1，否则为0
行业	Industry	行业虚拟变量，根据中国证监会行业分类标准划分

三、样本和数据来源

本章以沪深A股上市公司2007~2012年的季度数据为初始研究对象，借鉴已有研究，按照以下标准对样本进行了筛选：（1）剔除金融行业上市公司；（2）剔除ST公司和*ST公司；（3）剔除数据缺失的样本；（4）为了消除极端值的影响，对本章所有的主要连续变量按1%水平和99%水平进行Winsorize处理。经过以上筛选，最后共得到31 360个非平行面板观测值，Hausman检验判定为固定效应模型，因此，我们采用固定效应模型进行回归分析。

本章的机构持股比例等数据，来自万得（Wind）数据库，投资者情绪和宏观经济基本面代理变量、公司财务和公司治理等数据来自深圳国泰安（CSMAR）数据库。

第三节　实证检验结果与分析

一、描述性统计和单变量分析

表5-2是主要变量的描述性统计结果，可以发现，操控性应计利润（DA）的最大值和最小值分别为0.187和-0.189，表明中国上市公司既存在正向盈余管理，也存在负向盈余管理；DA的平均值和中位数分别为-0.001和-0.002，即在一般情况下多数上市公司更可能选择负向盈余管理策略。投资者情绪复合指数（Sent）的最大值和最小值分别为3.126和-0.999，标准差为0.957，表明样本期间市场情绪波动较大。机构投资者持股比例（Inst_Ratio）的均值和中位数分别为0.315和0.288，过半数公司的机构投资者持股水平低于平均水平；Inst_Ratio的最大值和最小值分别为0.830和0.003，表明上市公司机构投资者持股水平存在较大差异。

表5-2　主要变量的描述性统计

变量	均值	中位数	标准差	最小值	最大值
DA	-0.001	-0.002	0.062	-0.189	0.187
Sent	0.241	-0.205	0.957	-0.999	3.126
Inst_Ratio	0.315	0.288	0.223	0.003	0.830

续表

变量	均值	中位数	标准差	最小值	最大值
ROA	0.024	0.017	0.041	-0.127	0.168
Size	21.768	21.643	1.248	19.042	25.369
Lev	0.518	0.521	0.219	0.069	1.351
Growth	0.263	0.143	0.776	-0.789	5.737
CFO	0.001	0.007	0.065	-0.218	0.188
Incentive	0.153	0.000	0.360	0.000	1.000
Audit	0.302	0.000	0.459	0.000	1.000
Opinion	0.950	1.000	0.219	0.000	1.000
SOE	0.607	1.000	0.488	0.000	1.000
Indepen	0.349	0.333	0.086	0.150	0.600
Duality	0.154	0.000	0.361	0.000	1.000

表5-3比较了不同市场情绪期间以及不同机构投资者持股状态下公司盈余管理策略（DA）的差异。由于构建投资者情绪复合指数时，对主成分分析进行了标准化处理，因此，我们定义了两种不同的投资者情绪状态，如果投资者情绪复合指数大于0，视该阶段为乐观情绪期；否则，视该阶段为悲观情绪期。首先，根据乐观的市场情绪状态或者悲观的市场情绪状态，我们将全样本分为两组，可以发现，在不同情绪期间，上市公司的盈余管理策略并没有显著差异。可能的原因是，投资者情绪与盈余管理策略之间的关系还受到其他因素的影响，需要利用多元回归控制这些变量做进一步检验。其次，我们以机构投资者持股比例的中位数为标准，分别比较了乐观情绪期或悲观情绪期，不同机构持股状态下公司盈余管理策略的差异。在投资者乐观情绪期，机构持股高的样本组DA的均值和中位数分别为0.007和0.004，机构持股低的样本组DA的均值和中位数分别为-0.004和-0.005，两组样本的盈余管理策略存在显著差异，机构持股高的公司更倾向于正向盈余管理。而在投资者悲观情绪期，两组样本的盈余管理策略没有显著差异，以上单变

量分析结果与假设 5 - 2 基本一致。

表 5 - 3　　单变量分析

样本	分组标准	均值	T 值	中位数	Z 值
全样本	乐观情绪	-0.001	-0.61	-0.002	-0.54
	悲观情绪	-0.000		-0.002	
乐观情绪	机构持股高	0.007	9.37***	0.004	10.32***
	机构持股低	-0.004		-0.005	
悲观情绪	机构持股高	0.000	1.04	-0.001	1.64
	机构持股低	-0.001		-0.003	

注：***、**、*分别代表 1%、5%、10% 的显著性水平。

二、多元回归分析

（一）投资者情绪与盈余管理

假设 5 - 1 的检验结果，见表 5 - 4。首先，根据全样本回归结果，Sent 的回归系数在 1% 水平上显著为正，说明随着投资者情绪的不断高涨，上市公司更可能采用正向盈余管理策略来迎合投资者和分析师过度乐观的情绪和盈余预期；而随着投资者情绪的不断低落，上市公司更可能通过负向盈余管理低估会计盈余来迎合投资者和分析师的悲观预期，因而验证了假设 5 - 1。其次，根据盈余管理方向，我们将样本分为正向盈余管理（DA >0）和负向盈余管理（DA <0）两组，分组检验结果显示，Sent 的回归系数分别为 0.002 和 0.001，显著性水平均达到 1%，表明在投资者情绪乐观期，上市公司正向盈余管理水平更大、负向盈余管理水平更小；在投资者悲观情绪期，上市公司正向盈余管理水平更小、负向盈余管理水平更大，进一步验证了假设 5 - 1。最后，根据机构持股分组检验结果，Sent 的回归系数均在 1% 水平显著为正，再次验证了假设 5 - 1；并且，两组样本中 Sent 的回归系数分别为 0.005 和 0.001，表明在不同市场情绪周期，机构投资者持股比例高的公司迎合性盈余管理行为更加明显。

表 5-4 投资者情绪与盈余管理

变量	全样本	DA>0	DA<0	机构持股高	机构持股低
Sent	0.002*** (6.11)	0.002*** (5.61)	0.001*** (3.37)	0.005*** (10.15)	0.001*** (2.98)
ROA	0.672*** (83.35)	0.623*** (60.99)	0.372*** (39.06)	0.748*** (62.40)	0.630*** (53.42)
Size	0.006*** (9.55)	0.004*** (4.46)	0.007*** (9.25)	0.014*** (11.79)	0.005*** (4.74)
Lev	0.017*** (6.62)	0.035*** (10.08)	-0.002 (-0.67)	0.005 (1.14)	0.020*** (5.36)
Growth	-0.002*** (-6.64)	0.000 (0.27)	-0.003*** (-8.13)	-0.002*** (-3.89)	-0.002*** (-5.61)
CFO	-0.518*** (-149.76)	-0.316*** (-68.11)	-0.370*** (-84.93)	-0.508*** (-104.42)	-0.527*** (-102.31)
Incentive	0.008*** (11.05)	0.011*** (11.28)	0.003*** (3.15)	0.007*** (6.09)	0.007*** (6.51)
LAG_DA	0.520*** (129.72)	0.323*** (60.62)	0.346*** (71.40)	0.491*** (84.48)	0.508*** (84.57)
Audit	-0.007*** (-9.38)	-0.004*** (-4.28)	-0.005*** (-4.96)	-0.012*** (-10.37)	-0.003** (-2.19)
Opinion	-0.011*** (-7.24)	-0.008*** (-3.92)	-0.012*** (-7.18)	-0.012*** (-4.48)	-0.009*** (-4.08)
SOE	-0.000 (-0.12)	0.004* (1.88)	-0.000 (-0.09)	-0.006** (-2.35)	0.000 (0.14)
Indepen	0.026*** (6.66)	0.013*** (2.72)	0.025*** (5.56)	0.022*** (3.79)	0.027*** (4.49)
Duality	-0.001 (-1.06)	0.001 (0.66)	-0.000 (-0.15)	-0.001 (-0.60)	-0.003** (-2.02)
_Con	-0.148*** (-9.29)	-0.074*** (-3.69)	-0.188*** (-10.35)	-0.294*** (-11.14)	-0.107*** (-4.20)
Industry	Yes	Yes	Yes	Yes	Yes
N	31 360	15 175	16 185	15 683	15 677
Adj_R^2	0.523	0.305	0.339	0.496	0.477
F	1 345.00***	313.40***	371.30***	626.26***	594.04***

注：***、**、*分别代表1%、5%、10%的显著性水平。

控制变量的回归结果与现有文献基本保持一致（杨海燕等，2012）。其中，盈利能力（ROA）、公司规模（Size）、盈余管理动机（Incentive）、滞后一期的盈余管理（LAG_DA）以及董事会独立性（Indepen）的回归系数显著为正，说明盈利能力越好、公司规模越大、盈余管理动机越强，以及董事会独立性越高的公司正向盈余管理水平越大、负向盈余管理水平越小，且公司盈余管理策略具有一定惯性。经营现金流量（CFO）、国际四大会计师事务所审计（Audit）和审计意见（Opinion）的回归系数显著为负，表明经营现金流充裕、国际四大会计师事务所审计、获得清洁审计意见的公司正向盈余管理水平较小，负向盈余管理水平较大。在多数情况下，财务杠杆（Lev）的回归系数显著为正，说明财务杠杆高的公司正向盈余管理水平更高；成长性（Growth）的回归系数在多数情况下显著为负，即成长性高的公司更可能通过负向盈余管理以达到盈余预期；公司产权性质（SOE）和董事会领导权结构（Duality）在多数情况下对盈余管理没有显著影响。

（二）投资者情绪、机构持股与盈余管理

表 5 -5 是假设 5 -2 的多元回归检验结果。根据全样本回归结果，Sent 和 Inst_Ratio 的乘积项及 Sent 和 Inst_Dum 的乘积项与盈余管理（DA）的回归系数分别为 0. 007 和 0. 003，显著性水平上均达到 1%，说明机构持股显著增加了上市公司迎合性的盈余管理行为。进一步的分组检验结果显示，在 DA >0 的样本组，Sent 和 Inst_Ratio 的乘积项及 Sent 和 Inst_Dum 的乘积项与盈余管理（DA）的回归系数均在 1% 水平上显著为正；而在 DA <0 的样本组，Sent 和 Inst_Ratio 的乘积项及 Sent 和 Inst_Dum 的乘积项与盈余管理（DA）的回归系数，均没能通过显著性检验。以上结果表明，在市场情绪乐观期，为了提升基金业绩，以证券投资基金为代表的机构投资者更可能支持或刺激公司经理人的正向盈余管理行为，机构持股比例高的公司主要通过增加正向盈余管理水平来迎合投资者和证券分析

师的乐观预期，从而验证了假设 5 - 2。

表 5 - 5 投资者情绪、机构持股与盈余管理

变量	全样本		DA > 0		DA < 0	
	Inst_Ratio	Inst_Dum	Inst_Ratio	Inst_Dum	Inst_Ratio	Inst_Dum
Sent	0.000 (0.21)	0.001 * (1.73)	0.001 (1.17)	0.001 *** (2.62)	0.001 (1.28)	0.000 (1.38)
Inst	-0.002 (-1.48)	-0.001 (-1.31)	-0.001 (-0.78)	-0.000 (-0.62)	-0.005 ** (-2.55)	-0.002 *** (-2.62)
Sent × Inst	0.007 *** (5.18)	0.003 *** (5.51)	0.005 *** (3.54)	0.002 *** (3.30)	-0.000 (-0.25)	0.001 (0.94)
ROA	0.671 *** (83.25)	0.671 *** (83.21)	0.622 *** (60.79)	0.622 *** (60.80)	0.372 *** (19.83)	0.372 *** (39.10)
Size	0.007 *** (10.40)	0.007 *** (10.35)	0.004 *** (5.04)	0.004 *** (4.92)	0.007 *** (6.47)	0.007 *** (9.44)
Lev	0.017 *** (6.49)	0.017 *** (6.44)	0.035 *** (10.01)	0.035 *** (9.97)	-0.002 (-0.41)	-0.002 (-0.69)
Growth	-0.002 *** (-6.83)	-0.002 *** (-6.80)	0.000 (0.16)	0.000 (0.17)	-0.003 *** (-5.59)	-0.003 *** (-8.10)
CFO	-0.518 *** (-149.83)	-0.518 *** (-149.81)	-0.316 *** (-68.09)	-0.316 *** (-68.12)	-0.370 *** (-51.12)	-0.370 *** (-84.82)
Incentive	0.008 *** (10.91)	0.008 *** (10.88)	0.011 *** (11.15)	0.011 *** (11.14)	0.003 ** (2.40)	0.003 *** (3.10)
LAG_DA	0.519 *** (129.66)	0.519 *** (129.63)	0.323 *** (60.61)	0.323 *** (60.60)	0.346 *** (42.81)	0.346 *** (71.29)
Audit	-0.007 *** (-9.49)	-0.007 *** (-9.49)	-0.004 *** (-4.37)	-0.004 *** (-4.35)	-0.005 *** (-3.78)	-0.005 *** (-4.95)
Opinion	-0.011 *** (-7.44)	-0.011 *** (-7.42)	-0.009 *** (-4.03)	-0.008 *** (-4.00)	-0.012 *** (-4.39)	-0.012 *** (-7.23)
SOE	-0.000 (-0.17)	-0.000 (-0.19)	0.004 * (1.85)	0.004 * (1.85)	-0.000 (-0.11)	-0.000 (-0.17)
Indepen	0.026 *** (6.62)	0.026 *** (6.59)	0.013 *** (2.66)	0.013 *** (2.66)	0.025 *** (4.50)	0.025 *** (5.49)

续表

变量	全样本		DA >0		DA <0	
	Inst_Ratio	Inst_Dum	Inst_Ratio	Inst_Dum	Inst_Ratio	Inst_Dum
Duality	-0.001 (-1.03)	-0.001 (-1.01)	0.001 (0.64)	0.001 (0.65)	-0.000 (-0.14)	-0.000 (-0.14)
_Con	-0.161 *** (-10.01)	-0.160 *** (-9.94)	-0.086 *** (-4.20)	-0.083 *** (-4.09)	-0.192 *** (-7.49)	-0.193 *** (-10.51)
Industry	Yes	Yes	Yes	Yes	Yes	Yes
N	31 360	31 360	15 175	15 175	16 185	16 185
Adj_R^2	0.524	0.524	0.306	0.306	0.409	0.339
F	1 254.31 ***	1 254.50 ***	292.46 ***	292.36 ***	109.12 ***	346.06 ***

注：***、**、*分别代表1%、5%、10%的显著性水平。

三、稳健性检验

已有文献指出，股票牛市行情的形成与直接参与股票市场人数的急剧上升是一致的，对处于快速发展中的中国股票市场，每月新增开户数代表了场外投资者对证券的需求程度和参与程度，从而可以反映投资者情绪（易志高，茅宁，2009）。因此，我们以每月新增开户数（ACCOUNT）作为投资者情绪的代理变量进行稳健性检验，检验结果，见表5-6和表5-7，研究结论保持不变。

表5-6　　投资者情绪与盈余管理：稳健性检验

变量	全样本	DA >0	DA <0	机构持股高	机构持股低
ACCOUNT	0.040 ** (2.52)	0.048 ** (2.38)	0.067 *** (3.89)	0.233 *** (7.09)	0.008 (0.41)
ROA	0.675 *** (83.83)	0.627 *** (61.50)	0.372 *** (39.08)	0.755 *** (63.08)	0.633 *** (53.81)
Size	0.005 *** (7.95)	0.002 ** (2.51)	0.007 *** (9.40)	0.010 *** (9.48)	0.004 *** (3.99)
Lev	0.018 *** (6.74)	0.036 *** (10.39)	-0.002 (-0.75)	0.008 * (1.66)	0.020 *** (5.33)
Growth	-0.002 *** (-6.42)	0.000 (0.48)	-0.003 *** (-8.16)	-0.002 *** (-3.47)	-0.002 *** (-5.47)

续表

变量	全样本	DA > 0	DA < 0	机构持股高	机构持股低
CFO	-0.517 *** (-149.57)	-0.315 *** (-67.89)	-0.369 *** (-84.89)	-0.506 *** (-103.94)	-0.526 *** (-102.28)
Incentive	0.008 *** (11.26)	0.011 *** (11.50)	0.003 *** (3.29)	0.007 *** (6.60)	0.007 *** (6.55)
LAG_DA	0.520 *** (129.78)	0.324 *** (60.67)	0.346 *** (71.29)	0.493 *** (84.64)	0.508 *** (84.56)
Audit	-0.008 *** (-10.06)	-0.005 *** (-4.80)	-0.005 *** (-4.96)	-0.012 *** (-10.77)	-0.003 *** (-2.69)
Opinion	-0.011 *** (-7.04)	-0.008 *** (-3.82)	-0.012 *** (-7.07)	-0.012 *** (-4.23)	-0.009 *** (-4.05)
SOE	0.000 (0.15)	0.004 ** (2.19)	-0.000 (-0.06)	-0.005 ** (-2.01)	0.001 (0.25)
Indepen	0.026 *** (6.52)	0.012 ** (2.56)	0.026 *** (5.66)	0.022 *** (3.64)	0.026 *** (4.28)
Duality	-0.001 (-1.10)	0.001 (0.57)	-0.000 (-0.18)	-0.001 (-0.58)	-0.003 ** (-2.04)
_Con	-0.118 *** (-7.79)	-0.036 * (-1.92)	-0.184 *** (-10.52)	-0.217 *** (-8.95)	-0.087 *** (-3.48)
Industry	Yes	Yes	Yes	Yes	Yes
N	31 360	15 175	16 185	15 683	15 677
Adj_R^2	0.523	0.304	0.339	0.494	0.477
F	1 342.44 ***	311.85 ***	371.54 ***	622.01 ***	593.35 ***

注：***、**、*分别代表1%、5%、10%的显著性水平。

表5-7 投资者情绪、机构持股与盈余管理：稳健性检验

变量	全样本		DA > 0		DA < 0	
	Inst_Ratio	Inst_Dum	Inst_Ratio	Inst_Dum	Inst_Ratio	Inst_Dum
ACCOUNT	-0.059 ** (-2.43)	-0.017 (-0.94)	-0.031 (-1.07)	0.005 (0.22)	0.038 (1.62)	0.041 ** (2.10)
Inst	-0.010 *** (-5.22)	-0.004 *** (-5.17)	-0.008 *** (-3.54)	-0.003 *** (-2.89)	-0.006 *** (-2.97)	-0.003 *** (-3.27)
ACCOUNT × Inst	0.486 *** (5.33)	0.209 *** (5.94)	0.353 *** (3.50)	0.133 *** (3.27)	0.082 (0.84)	0.075 * (1.80)
ROA	0.674 *** (34.39)	0.674 *** (83.81)	0.627 *** (61.42)	0.627 *** (61.45)	0.372 *** (39.10)	0.372 *** (39.10)
Size	0.006 *** (5.70)	0.006 *** (8.96)	0.003 *** (3.44)	0.003 *** (3.12)	0.008 *** (9.86)	0.007 *** (9.90)

续表

变量	全样本		DA >0		DA <0	
	Inst_Ratio	Inst_Dum	Inst_Ratio	Inst_Dum	Inst_Ratio	Inst_Dum
Lev	0. 017 *** (3. 60)	0. 017 *** (6. 52)	0. 036 *** (10. 26)	0. 035 *** (10. 23)	−0. 002 (−0. 70)	−0. 002 (−0. 79)
Growth	−0. 002 *** (−4. 08)	−0. 002 *** (−6. 50)	0. 000 (0. 40)	0. 000 (0. 46)	−0. 003 *** (−8. 16)	−0. 003 *** (−8. 16)
CFO	−0. 517 *** (−70. 84)	−0. 517 *** (−149. 66)	−0. 316 *** (−67. 95)	−0. 315 *** (−67. 93)	−0. 369 *** (−84. 87)	−0. 369 *** (−84. 88)
Incentive	0. 008 *** (8. 62)	0. 008 *** (11. 09)	0. 011 *** (11. 37)	0. 011 *** (11. 36)	0. 003 *** (3. 22)	0. 003 *** (3. 21)
LAG_DA	0. 520 *** (71. 96)	0. 520 *** (129. 76)	0. 324 *** (60. 76)	0. 324 *** (60. 71)	0. 346 *** (71. 24)	0. 346 *** (71. 21)
Audit	−0. 008 *** (−8. 05)	−0. 008 *** (−9. 85)	−0. 004 *** (−4. 68)	−0. 004 *** (−4. 73)	−0. 004 *** (−4. 77)	−0. 004 *** (−4. 78)
Opinion	−0. 011 *** (−4. 90)	−0. 011 *** (−7. 27)	−0. 008 *** (−3. 93)	−0. 008 *** (−3. 90)	−0. 012 *** (−7. 17)	−0. 012 *** (−7. 20)
SOE	0. 000 (0. 04)	0. 000 (0. 07)	0. 004 ** (2. 10)	0. 004 ** (2. 12)	−0. 000 (−0. 16)	−0. 000 (−0. 16)
Indepen	0. 025 *** (5. 04)	0. 025 *** (6. 36)	0. 012 ** (2. 45)	0. 012 ** (2. 45)	0. 025 *** (5. 65)	0. 025 *** (5. 56)
Duality	−0. 001 (−0. 85)	−0. 001 (−1. 08)	0. 001 (0. 53)	0. 001 (0. 54)	−0. 000 (−0. 18)	−0. 000 (−0. 14)
_Con	−0. 137 *** (−5. 80)	−0. 132 *** (−8. 58)	−0. 051 *** (−2. 63)	−0. 046 ** (−2. 38)	−0. 196 *** (−10. 93)	−0. 194 *** (−10. 95)
Industry	Yes	Yes	Yes	Yes	Yes	Yes
N	31 360	31 360	15 175	15 175	16 185	16 185
Adj_R^2	0. 552	0. 523	0. 305	0. 305	0. 339	0. 339
F	296. 15 ***	1 252. 76 ***	291. 18 ***	290. 96 ***	346. 45 ***	346. 50 ***

注：***、**、*分别代表1%、5%、10%的显著性水平。

第四节　研究结论

宏观市场层面的投资者情绪对微观公司资产定价、投融资行为和财务报告策略的影响，近年来已成为理论界和实务界关注的热点。本章运用理性迎合理论和战略联盟假说，实证检验了宏观市场层面的投资者情绪对上市公司盈余管理策略的影响，以及机构投资者在其中扮演的角色。该理论分析表明，在投资者情绪高涨期，投资者和分析师对公司的未来业绩普遍持乐观态度（Hribar and McInnis，2012；游家兴等，2013），公司经理人更可能通过正向盈余管理高估会计盈余，以迎合投资者和分析师的乐观预期，从而提高股票价格；当投资者情绪低落时，公司经理人则倾向于采取稳健的财务报告政策，通过负向盈余管理低估会计盈余来迎合投资者对公司业绩的悲观预期、降低公司诉讼风险。而机构投资者自身的代理问题及其与上市公司管理层的战略合谋均可能会降低其监督效果，提高了上市公司迎合性的盈余管理行为；尤其是在市场情绪高涨期，为了提高业绩、实现资产规模最大化目标，以证券投资基金为代表的机构投资者更可能支持或刺激经理人的正向盈余管理策略。

运用沪深 A 股上市公司的季度数据，以投资者情绪复合指数作为情绪的代理变量，以修正的琼斯（Jones）模型度量公司盈余管理水平。实证研究发现，第一，在中国资本市场，投资者情绪诱发了上市公司迎合性的盈余管理行为，上市公司主要通过正向（负向）盈余管理来主动迎合投资者高涨（悲观）的情绪。第二，机构持股显著提高了上市公司迎合性的盈余管理行为；随着市场情绪的不断高涨，机构投资者持股比例越高的公司越有可能增加正向盈余管理水平以迎合市场的乐观预期。

本章可能的研究贡献主要体现在以下三点：

第一，上市公司的盈余管理行为是会计学研究的重要问题，近期相关中文文献主要检验了盈余管理的资本市场动机（章卫东，2011；谢德仁等，2017；谢德仁和廖珂，2018）、报酬契约动机（杨慧辉等，2012；谢德仁等，2018）和政治成本假说（叶青等，

2012；刘运国和刘梦宁，2015；吴德军等，2016），从宏观层面的制度与文化（潘越等，2010；陈冬华等，2013；陆瑶等，2017；陈德球和陈云森，2018）、中观层面的行业竞争（温日光和汪剑锋，2018）和行业景气度（陈武朝，2013；刘玉玉和唐嘉尉，2017）等行业环境以及微观层面的公司治理（陈克兢，2018）、公司战略（叶康涛等，2015；孙健等，2016）、高管的道德与心理特征（陈冬华等，2018；周美华等，2018）等因素探讨了盈余管理的影响因素。区别于已有文献，本章将行为金融学和会计学领域的热点问题相结合，从投资者情绪的新视角，运用理性迎合理论，揭示了不同市场情绪期间上市公司的盈余管理策略，拓展了盈余管理的研究文献。

第二，本章将宏观市场层面的投资者情绪与机构投资者的公司治理角色联系起来，针对机构投资者自身的代理问题并运用战略联盟假说，分析了不同市场情绪期间机构投资者的业绩压力差异及其对上市公司盈余管理策略的影响，丰富了机构投资者与盈余管理关系的研究文献。

第三，研究结果有助于我们识别公司经理人运用市场错误定价操控财务报告的策略；也有助于我们了解不同市场情绪期间，机构投资者的业绩压力差异及其后果，从而为监管部门完善上市公司信息披露质量、充分发挥机构投资者的"有效监督者"角色，提供理论依据和经验证据。

第六章

投资者情绪、盈余管理与企业风险承担

第一节　文献回顾与研究假设

一、研究问题

风险承担是企业投资决策中的一项重要决策，有助于企业未来的业绩增长和价值增值，也能促进经济增长（John et al. , 2008）。现有文献表明，企业风险行为受到来自外部和内部各种因素的影响。例如，宏观货币政策（Mclean and Zhao, 2014；胡育蓉等，2014；周彬蕊，2017）、经济政策和政治政策的不确定性（刘志远等，2017；钱先航和徐业坤，2014）、投资者保护等正式制度（Bargeron et al. , 2010；John et al. , 2008；Bonfiglioli, 2012；Acharya et al. , 2011；King and Wen, 2011）以及宗教传统（Hilary and Hui, 2009；王菁华等，2017）、文化（Li et al. , 2013；苏坤，2017；金智等，2017）、社会网络（张敏等，2014）等非正式制度对企业风险承担具有显著影响，股权结构（Faccio et al. , 2011；

Boubakri et al. , 2013；李文贵和余明桂，2012；余明桂等，2013）、董事会特征（Beasley，1996；Su and Lee，2013；周泽将等，2018）和高管激励（Wright et al. , 2007；Dong et al. , 2010；苏坤，2015）等内部公司治理机制，也是影响企业风险承担的重要因素之一。除了宏观层面和公司治理层面的影响因素，企业风险承担还会受到管理者个体的性别、年龄、经历等人口统计学特征（Faccio et al. , 2014；Peltomäki et al. , 2015；陆瑶和胡江燕，2014；宋建波等，2017），以及过度自信等心理特征（Baker and Wurgler，2012；余明桂等，2013）的影响。但是，很少有文献考察市场层面的投资者情绪与企业风险承担的关系。

投资者情绪主要通过股权融资渠道（Baker et al. , 2003）、理性迎合渠道（Polk and Sapienza，2009；潘敏和朱迪星，2010）及管理者乐观主义渠道（花贵如等，2011）影响企业的投资决策，而风险承担主要代表企业在投资决策中的风险选择。那么，投资者情绪是否影响以及如何影响企业风险承担？此外，为了实现收益最大化，具有信息优势的企业经理人能够洞察投资者偏好、分辨市场情绪和错误定价，并通过策略性的盈余管理行为来迎合投资者。在投资者情绪影响企业风险承担的过程中，不同情绪期管理层的盈余管理策略是否扮演了部分中介效应的角色？以上是本章需要研究解答的问题。

二、文献回顾：企业风险承担

风险承担反映了企业追逐高额利润并愿意为之付出代价的倾向（Lumpkin and Dess，1996），较高的风险承担意味着，企业在投资决策中主动选择高风险、高收益的项目，往往伴随着较高的资本性支出（Bargeron et al. , 2010）、更高的创新积极性和更多的研发投入（Hilary and Hui，2009）。从宏观角度来看，高风险项目带来的高回报可以促进技术进步，加快社会资本积累，提高经济增长率（John et al.，2008）；从微观角度来看，较高的风险承担有利于提升企业的竞争优势，促进企业绩效和可持续成长（Boubakri，2013）。

净现值法是项目投资决策较为常用的方法之一。在完美的市场条件下，风险中性的管理者，应该选择所有预期净现值为正的投资项目，以实现企业价值和股东财富最大化。然而，在现实经济环境中，净现值法所涉及的"未来现金流和资本成本的估计""决策者个体风险偏好"会受到诸多因素的影响。已有研究表明，宏观层面的政治经济因素和外部制度安排、企业内部治理机制，以及管理者个体特征等因素，将显著地影响企业的风险承担水平。

（一）宏观层面的影响因素

基于宏观视角的文献，主要研究政治经济因素、投资者保护等正式制度，以及文化、社会网络等非正式制度对企业风险承担的影响。

关于政治经济因素的影响，麦克莱恩和赵（Mclean and Zhao，2014）发现，当宏观经济衰退、市场低迷时，信贷政策紧缩，加大了企业的融资约束程度，降低了风险承担水平。胡育蓉等（2014）基于中国上市公司1998～2012年数据的实证研究发现，货币政策转向紧缩，企业风险承担会显著下降；非国有企业、中小企业以及耐用品生产企业的政策反应更为敏感。周彬蕊（2017）发现，宽松的货币政策会增大企业风险承担，说明随着企业融资渠道的拓宽，外部货币政策环境成为影响企业风险承担行为的关键因素，货币政策可以通过改变企业的风险投资行为推动经济的长期发展。刘志远等（2017）发现，经济政策不确定性显著提升了企业的风险承担，该影响仅存在于非国有企业，在国有企业中并不显著。刘行等（2016）将房价波动作为外生事件，探讨了由房价波动带来的抵押资产价值变化对企业风险承担水平的影响。该研究结果发现，房价上涨所带来的抵押资产价值上升会增强企业的融资能力，而管理层为了规避风险，会将抵押资产价值上升所带来的资源配置到那些风险较小但短期内可以获得高额利润的行业（如房地产业），从而显著降低了企业的风险承担水平。严楷等（2019）探究银行竞争加剧对企业风险承担的影响及其作用机理，结果发现，整体上银行业竞争加剧显著提高了企业的风险承担水平；银行业竞争对企业风险承担水平的促进作用，在国有企业组与非国有企业组中均显著。

关于投资者保护等正式制度的影响，巴杰伦等（Bargeron et al.，2010）检验了《萨班斯法案》对企业风险承担的作用，发现《萨班斯法案》中有关增加独立董事规模、加大董事权力以及加强企业内部控制的规定，降低了企业风险承担的动机。约翰等（John et al.，2008）研究发现，更好的投资者保护制度有利于削弱管理者规避风险的动机，使企业承担更多高风险，但创造更高价值的投资。阿查亚等（Acharya et al.，2011）发现，较好的债权人保护机制，会降低企业的风险承担水平。金和文（King and Wen，2011）发现，较强的债权人治理水平导致较低的公司风险承担水平，而较好的股东治理水平会导致较高的公司风险承担水平。杨瑞龙等（2017）发现，社会冲突加剧会降低企业风险承担水平；产权制度本身对中小企业风险承担水平的提高作用更明显，而契约制度在缓解冲突的负向冲击上发挥着更重要的作用。

除了以上投资者保护等正式制度，宗教和文化等非正式制度也会影响企业的风险承担。希拉里和惠（Hilary and Hui，2009）研究发现，在宗教信仰程度较高的地区，公司表现出更强的风险厌恶、更低的投资率和长期增长率。李凯等（2013）发现，文化可以直接影响管理者个体的风险决策，也可以通过正式制度间接发挥作用，个人主义与企业风险承担正相关，而不确定性规避及和谐的文化价值观将降低企业风险承担。王菁华等（2017）以2007～2015年中国A股非金融上市企业为样本，考察了地区宗教传统对企业风险承担的影响效果，以及组织成熟度对这一影响的调节效应。该研究发现，企业所在地宗教传统越强，其投资决策更加保守，即风险承担水平越低；组织成熟度有助于缓解宗教传统对风险承担的负向作用。苏坤（2017）以中国山西、陕西、浙江和江苏四省上市公司为样本，检验了重商文化对企业风险承担的影响。该研究表明，受重商文化影响较强的公司，比受重商文化影响较弱的公司风险承担水平更高。金智等（2017）以2001～2013年中国上市公司为研究对象，考察儒家传统对公司风险承担的影响，结果发现，公司受儒家文化影响越大，风险承担水平越低。张敏等（2015）研究了社会网络这一非正式制度对企业风险承担的影响，结果表明，社会网络有助于提升企业的风险承担水平；企业所在地区市场化水平越低，高管激励越充分，企业面临的投资机会越多，社会网络对风险承担的促进作用越强。进一步，相对于总经理构建的社会网络，董事长构建的社会网络更有利于提升企业的风险承担水平；社会网络对企业风险承担的影响，具体表现为债务融资水平和研发水平的提升，即社会网络越丰富，企业负债越高，研发投入增长越快。

（二）公司治理

股权结构、董事会特征以及高管激励，也会显著地影响企业的风险承担水平。关于股权结构的影响，外文文献表明，大股东持股的分散化程度越大，企业的风险承担水平越高（Faccio et al.，2011）。股权制衡提升了新西兰企业的公司治理水平，促进了企业对高风险、高收益项目的选择（Koerniadi et al.，2014）。国有股权比例降低了企业风险承担，而外资股权比例却提高了企业风险承担（Boubakri et al.，2013）。针对中国A股上市公司，肖金利（2018）研究了实际控制人夫妻共同持股对公司风险承担水平的影响，结果发现，由夫妻共同持股的家族企业，其杠杆水平显著更低、现金持有水平显著更高；妻子持有股份会显著地提高其进入公司任职的概率并且增加公司聘用女性高管的概率，同时，愿意与妻子共享股份的丈夫大男子主义倾向更低，这些因素使得夫妻共同持股公司的风险承担水平显著更低。

关于董事会的影响，研究发现，小规模的董事会更能促进企业承担风险（Wang，2012）；相对于公司内部人，独立董事面临高风险的投资机会时，更能客观地衡量投资项目对公司价值的影响，因此，董事会中独立董事比例的提高将促进企业的风险承担（Beasley，1996；Su and Lee，2013）。董事会多样性有助于董事会成员多背景、多角度地分析问题，在投资项目的选择上也更为保守和谨慎（Harjoto et al.，2014）；董事会年龄异质性、教育异质性与银行风险承担显著负相关（李维安等，2014）。

股权激励是常用的高管激励机制。一些研究发现，授予高管股票期权能够促进公司风险承担（Wright et al.，2007）；当CEO财富相对股票收益较敏感时，公司会采纳更具风险性的政策（Low，2009）、更可能发生负债融资这类风险承担行为（Dong et al.，2010）；股权激励有助于管理层克服风险规避倾向，降低公司代理问题，进而促进公司风险承担（苏坤，2015）。但是，另一些研究发现，当高管股权激励增加时，公司决策反而更加保守，股权激励未能促进管理层的风险承担行为（Hayes et al.，2012）；股权激励与风险承担呈倒“U”形关系，当高管持股比例超过某一临界点时，“壕沟效应”出现，从而降低了企业风险承担水平（李小荣，张瑞君，2014）。除了以薪酬契约为基础的显性激励外，以职位晋升等为代表的隐性激励也会影响企业风险承担。

（三）管理者个体特征

根据高阶梯队理论，高层管理者的个体特征会影响公司的决策选择。例如，女性 CEO 领导的企业表现出较低的风险承担（Faccio et al.，2014）；年龄更大的 CEO 更加保守，会减少高风险的投资项目（Peltomäki et al.，2015）；CEO 与董事间的"老乡"关系，会对企业风险承担有显著正向影响（陆瑶，胡江燕，2014）。相对于家族创始人具有公共部门职业经历的企业，创始人具有企业部门职业经历的企业风险承担水平更高，尤其是在产品市场竞争激烈的行业（刘静等，2016）；家族企业的风险承担水平因 CEO 来源不同而产生差异，家族创始人 CEO 和家族继任者 CEO 降低了家族企业的风险承担水平，而职业经理人 CEO 会提高家族企业的风险承担水平（汪祥耀等，2017）。高管的海外背景也会影响企业风险承担，当高管从经济发展水平更高、投资者保护程度更好的国家获得海外留学经历和工作背景时，能够提升企业风险承担水平；高管团队中海归的人数越多、海归高管在企业中担任关键职位时，企业的风险承担意愿显著更强；海归高管对企业风险承担的影响路径，主要为研发支出和创新能力的提升（宋建波等，2017）。

除了性别、年龄、经历等人口统计学特征以外，管理者的心理认知偏差通过影响个体的风险倾向，进而影响企业风险承担（Kahneman and Tversky，1979）。贝克和沃格勒（Baker and Wurgler，2012）、余明桂等（2013）的研究均发现，过度自信的管理者对自身的能力评价更高，对投资项目成功概率的预期也会更高，这将促使管理者在更强的风险偏好下选择积极的投资策略，即管理者过度自信提高了企业的风险承担水平，更高的风险承担水平有利于提高企业的资本配置效率和企业价值。

三、研究假设

（一）投资者情绪与企业风险承担

风险承担主要代表企业在投资决策中的风险选择，更高的风险承担水平通常表现为企业资本性支出更高、更多的 R&D 投入和更高的创新积极性（Hilary and Hui，2009）。投资者情绪主要通过以下三个渠道来影响企业风险承担。

第一，股权融资渠道。根据股权融资渠道理论，投资者情绪导致的系统性错误定价改变了企业的融资条件，从而影响了其投资行为。低落的投资者情绪会造成股权和债券发行量的减少，进而导致企业融资约束；而高涨的投资者情绪将降低股票和债券的发行成本，从而缓解融资约束（McLean and Zhao，2014；徐浩萍和杨国超，2013；黄宏斌等，2014）。投资者情绪也可以通过影响企业信贷融资规模缓解融资约束，在投资者乐观情绪期，上市公司净财富及可供质押的股权资产增值，信贷能力增加，银行放贷意愿增强，企业也将获得更多银行借款（黄宏斌，刘志远，2013）。因此，在投资者悲观情绪期，非理性投资者情绪波动导致的市场错误定价，有可能使得价值被低估的企业面临外部融资成本过高的困境，从而放弃正 NPV 的项目；在投资者乐观情绪期，股价上涨能够降低融资成本带来的压力，企业在资金宽裕的情况下，有动机和能力选择更多高收益、高风险的投资项目，从而提高了其风险承担水平。

第二，理性迎合渠道。基于管理者理性、投资者非理性框架，理性迎合理论认为，关注公司股票短期价格变化的经理人会迎合投资者情绪扩大投资量或紧缩投资量。当投资者偏好高资本支出的公司时，会高估该类公司股价，具有自利倾向的管理层会增加公司投资以迎合投资者的这种偏好，目的是为了保住、提升自身职位或维持股价高估，从而最大化自身期权价值等（Polk and Sapienza，2009）。相对于市场下行周期，在市场上行周期，由于投资者存在自我归因、过度自信和处置效应等认知偏差，投资者情绪波动通过迎合渠道对企业投资的影响更为显著（潘敏和朱迪星，2011）。在投资者情绪高涨期，管理层进行迎合性研发投资行为的倾向越明显（翟淑萍等，2017）。因此，根据理性迎合理论可以预期，随着市场情绪的不断高涨，投资者对于研发投资等高风险项目具有更为乐观的预期，更愿意相信高风险的投资项目能够为企业带来正面效应，而理性的管理者将迎合投资者的乐观情绪，更倾向于采取激进的投资策略，从而增加企业的风险承担水平。

第三，管理者乐观主义渠道。管理者乐观主义渠道突破了管理者理性的假设及投资者非理性假设，将管理者和投资者均置于非理性的框架之下，进一步研究伴随着投资者情绪的高涨或低落，管理者如何诱发乐观或悲观的情绪，进而对后续的投资决策产生影响（Baker and Wurgler，2004）。管理者乐观情绪体现为，系统性高估预期收益或成功概率，低估成本或失败可能性的心理特征（Heaton，2002）。该研究表明，投资者情绪可以“塑造”（shape）管理者乐观情绪或悲观情绪，高涨的投资者情绪诱发了乐观的管理者情绪，管理者将高估投资项目的回报，低估其风险，促进了企业投资水平和风险承担水平；反之，低落的投资者情绪将诱发悲观的管理者情绪，管理者将高估风险、低估回报，促使企业投资水平和风险承担降低（花贵如等，2011；余明桂等，2013）。

根据以上分析，我们提出以下假设：

假设 6－1：投资者情绪对企业风险承担具有显著的正向影响。

（二）投资者情绪与企业风险承担：盈余管理的中介效应

已有文献表明，针对投资者情绪及其引致的错误定价，具有信息优势的经理人能够洞察投资者偏好、分辨市场情绪和错误定价，并通过包装公司的财务决策甚至通过策略性的信息披露行为来迎合投资者，从而实现收益最大化。例如，投资者情绪显著地影响了管理层的业绩预告策略。公司经理人将减少业绩预告披露，以迎合投资者对公司未来业绩的乐观预期（Bergman and Roychowdhury，2008）；公司经理人将披露更高的调整盈余（pro forma earnings），以迎合投资者受情绪驱动的业绩预期（Bergman and Roychowdhury，2008）；相对于投资者情绪高涨期，在投资者情绪悲观期，管理层对坏消息的择时行为更加显著，情绪悲观期的择时披露策略能够进一步缓解坏消息的负面市场反应。在不同的情绪期间，管理层也会策略性地选择业绩预告披露方式。相对于情绪高涨期，当投资者情绪低落时，管理层自愿业绩预告的动机更强、业绩预告精确性更高，为了修正投资者对未来业绩的悲观预期，管理层的业绩预告态度更为乐观；管理层对坏消息更可能持乐观态度，尤其在市场情绪低落期，管理层对坏消息的乐观倾向更加显著（王俊秋等，2013）。

投资者情绪不仅影响企业的业绩预告披露策略，也会诱发上市公司迎合性的盈余管理行为（王俊秋和张丹彧，2017）。在投资者情绪高涨期，公司经理人更可能通过正向盈余管理高估会计盈余来迎合投资者和分析师过度乐观的情绪和盈余预期，从而提高股票价格；为了减少诉讼风险、降低信息披露成本，公司经理人在市场情绪低落期也更可能采取负向的盈余管理策略。由于项目投资决策的净现值法涉及"未来现金流和资本成本的估计""决策者个体风险偏好"，可以预期，随着投资者情绪的日益高涨，经理人的正向盈余管理策略通过高估会计盈余而将高估投资项目的未来现金流，而情绪以及高估盈余引致的错误定价将降低对投资项目资本成本的估计，导致投资项目更高的净现值和投资可行性。此外，高涨的情绪会增加决策者的个体风险偏好，促使管理者在更强的风险偏好下选择积极的投资策略（Baker and Wurgler，2012；余明桂等，2013）。根据以上分析可以预期，在投资者情绪对企业风险承担影响的过程中，至少有一部分是通过“盈余管理”而产生效用的，即盈余管理扮演了部分中介效应的角色。因此，本章提出以下假设：

假设 6－2：在投资者情绪影响企业风险承担的过程中，盈余管理扮演了部分中介效应的角色。

第二节　研究设计

一、研究模型

根据研究假设，在投资者情绪、盈余管理与企业风险承担的关系中，投资者情绪为自变量，企业风险承担为因变量，盈余管理为投资者情绪影响企业风险承担的中介变量。借鉴温忠麟等（2004）提出的检验中介效应的程序，我们构建了以下递归模型，以检验盈余管理的中介效应。

$$\begin{aligned}RiskT = {} & \beta_0 + \beta_1 \times SENT + \beta_2 \times ROA + \beta_3 \times Lev + \beta_4 \times Size + \beta_5 \\ & \times Growth + \beta_6 \times Top1 + \beta_7 \times SOE + \beta_8 \times Age + \beta_9 \times Indepen \\ & + \beta_{10} \times Fixed\_Effect + \varepsilon \end{aligned} \quad (6-1)$$

$$\begin{aligned}DA/REM = {} & \beta_0 + \beta_1 \times SENT + \beta_2 \times ROA + \beta_3 \times Lev + \beta_4 \times Size + \beta_5 \\ & \times Growth + \beta_6 \times Turnover + \beta_7 \times InvRec + \beta_8 \times Top1 + \beta_9 \\ & \times SOE + \beta_{10} \times Age + \beta_{11} \times Indepen + \beta_{12} \times Fixed\_Effec + \varepsilon \end{aligned} \quad (6-2)$$

$$\begin{aligned}RiskT = {} & \beta_0 + \beta_1 \times SENT + \beta_2 \times DA/REM + \beta_3 \times ROA + \beta_4 \times Lev \\ & + \beta_5 \times Size + \beta_6 \times Growth + \beta_7 \times Top1 + \beta_8 \times SOE + \beta_9 \\ & \times Age + \beta_{10} \times Indepen + \beta_{11} \times Fixed\_Effect + \varepsilon \end{aligned} \quad (6-3)$$

式（6－1）、式（6－2）和式（6－3）均为线性回归。其中，RiskT代表企业的风险承担，SENT代表投资者情绪，我们采用应计盈余管理（DA）和真实活动盈余管理（REM）两个指标来度量企业的盈余管理行为。上述递归模型的检验程序和原理如下：其一，对式（6－1）进行回归分析，如果变量系数β_1显著为正，说明投资者情绪对企业风险承担具有显著影响。其二，对式（6－2）和式（6－3）进行回归分析，如果式（6－3）中的β_1和β_2均显著为正，意味着投资者情绪对企业风险承担的影响至少一部分是由于盈余管理的中介效应产生的。在式（6－3）中，如果变量的系数β_1不显著，但β_2显著为正，则说明在投资者情绪与企业风险承担的关系中，盈余管理扮演了完全中介的作用。

二、变量定义

（一）企业风险承担（RiskT）

根据已有文献，企业风险承担的度量指标有：（1）盈利的波动性（John et al.，2008；Boubakri et al.，2011；余明桂等，2013）；（2）股票回报的波动性（Bargeron et al.，2010）；（3）负债比率（Faccio et al.，2011）；（4）企业生存的概率（Faccio et al.，2011）；（5）R&D支出、资本性支出等（Coles et al.，2006）。由于更高的风险承担意味着企业未来现金流入的不确定性增加，企业盈利的波动性被最广泛地用于衡量风险承担。因此，本章主要用企业盈利的波动性［RiskT1，即σ（ROA）］以及观测期内企业盈利的最大最小值之差（RiskT2）来衡量风险承担水平，ROA为企业相应年度的税息折旧及摊销前利润与当年末资产总额的比率。在计算波动性时，我们先对企业每一年的ROA采用行业平均值进行调整，然后，计算企业在每一观测时段内经行业调整的标准差，考虑到中国上市公司高管任期一般为3年，因此，本章以3年为一观测期。具体见式（6-4）和式（6-5），即：

$$RiskT1 = \sqrt{\frac{1}{N-1}\sum_{n=1}^{N}\left(Adj\_ROA_{in} - \frac{1}{N}\sum_{n=1}^{N} Adj\_ROA_{in}\right)^2} N = 3 \tag{6-4}$$

$$Adj\_ROA_{in} = \frac{EBITDA_{in}}{ASSETS_{in}} - \frac{1}{X_n}\sum_{k=1}^{X}\frac{EBITDA_{kn}}{ASSETS_{kn}} \tag{6-5}$$

关于观测期内企业盈利的最大值最小值之差（RiskT2），等于按年份滚动方式计算的每一观测期间内（3年）样本公司ROA的最大值与最小值之差。

（二）投资者情绪（SENT）

参考已有中外文文献，我们选取封闭式基金折价率（CEFD）、IPO募集资金数量（NIPO）、IPO首日收益率（RIPO）、新增投资者开户数（ACCOUNT）和市场换手率（TURN）等情绪代理变量，利用主成分分析法构建了投资者情绪复合指标。其中，封闭式基金折价率（CEFD）为每月最后一个交易日所有参与交易的封闭式基金的净值加权平均折价率；IPO募集资金数量（NIPO）为每月首次公开发行募集资金数量；IPO首日收益率（RIPO）等于月度内所有上市新股按价值加权的首日收益率；新增开户数为投资者月新开户数（ACCOUNT）；市场换手率（TURN）等于沪深两市各月的成交金额与市场流通市值的比值。在2005年1月～2011年3月，中国A股市场有20个月没有发行新股，对于IPO相关数据中的缺失值则以前12个月的平均值代替。

由于投资者情绪指标中可能包含宏观经济基本面成分或理性预期成分（Baker and Wurgler，2006），为了剔除宏观经济因素的影响，我们选取居民消费价格指数、消费者信心指数和宏观经济景气指数作为宏观经济基本面的代理变量，将以上投资者情绪指标分别与宏观经济基本面代理变量做正交处理，提取残差作为新情绪指标，并对其标准化处理，消除量纲后进行主成分分析，提取了第一主成分、第二主成分和第三主成分，由此构建了投资者情绪复合指数。

（三）应计盈余管理（DA）

我们采用德肖等（Dechow et al.，1995）提出的修正琼斯（Jones）模型来估计可操控性应计利润，从而度量公司的盈余管理水平。先计算总应计利润，然后用回归方法估计公司的正常应计利润，总应计利润和正常应计利润的差额即为公司的可操控性应计利润。如果可操控性应计利润为正，表示正向盈余管理；反之，表示负向盈余管理。具体模型如下：

$$\frac{TA_{i,t}}{ASSET_{i,t-1}} = \partial_0 \frac{1}{ASSET_{i,t-1}} + \partial_1 \left(\frac{\Delta REV_{i,t}}{ASSET_{i,t-1}} - \frac{\Delta REC_{i,t}}{ASSET_{i,t-1}}\right) + \partial_2 \frac{PPE_{i,t}}{ASSET_{i,t-1}} + \varepsilon_{i,t} \tag{6-6}$$

$$DA_{i,t} = \frac{TA_{i,t}}{ASSET_{i,t-1}} - \left[\partial_0 \frac{1}{ASSET_{i,t-1}} + \partial_1 \left(\frac{\Delta REV_{i,t}}{ASSET_{i,t-1}} - \frac{\Delta REC_{i,t}}{ASSET_{i,t-1}}\right) + \partial_2 \frac{PPE_{i,t}}{ASSET_{i,t-1}}\right] \tag{6-7}$$

在式（6-6）和式（6-7）中，$TA_{i,t}$表示公司 i 第 t 期的总应计利润，等于公司 i 第 t 期的净利润减去当期经营活动现金流量净额；$\Delta REV_{i,t}$表示公司 i 第 t 期和第 t-1 期主营业务收入差额；$\Delta REC_{i,t}$表示公司 i 第 t 期和第 t-1 期应收账款净额差额；$PPE_{i,t}$表示公司 i 第 t 期的固定资产原值；$ASSET_{i,t-1}$表示公司 i 第 t-1 期的期末总资产；$DA_{i,t}$表示公司 i 第 t 期的可操控性应计利润。

（四）真实盈余管理（REM）

我们借鉴罗伊乔杜里（Roychowdhury，2006）提出的三个真实活动盈余管理衡量模型，分别计算异常经营现金流（AB_CFO）、异常生产成本（AB_PROD）、异常酌量费用（AB_DISPEXP）。

1. 异常经营现金流（AB_CFO）

$$\frac{CFO_t}{ASSET_{t-1}} = \partial_0 + \partial_1 \frac{1}{ASSET_{t-1}} + \partial_2 \frac{SALES_t}{ASSET_{t-1}} + \partial_3 \frac{\Delta SALES_t}{ASSET_{t-1}} + \varepsilon \tag{6-8}$$

在式（6-8）中，$ASSET_{t-1}$代表第 t-1 期期末总资产，CFO_t代表第 t 期经营活动产生的现金净流量，$SALES_t$代表当期销售额，$\Delta SALES_t$代表销售变动额；对样本公司进行分行业、分年度回归，然后，用实际的经营活动现金流量减去期望值，即得到异常经营现金流量。

2. 异常生产成本（AB_PROD）

$$\frac{PROD_t}{ASSET_{t-1}} = \partial_0 + \partial_1 \frac{1}{ASSET_{t-1}} + \partial_2 \frac{SALES_t}{ASSET_{t-1}} + \partial_3 \frac{\Delta SALES_t}{ASSET_{t-1}} + \partial_4 \frac{\Delta SALES_{t-1}}{ASSET_{t-1}} + \varepsilon \tag{6-9}$$

在式（6-9）中，$PROD_t$代表第 t 期的实际生产成本，等于当期的销货成本加当期存货的变动额。$\Delta SALES_{t-1}$代表第 t-1 期的销售变动额，等于上年销售额减去前年销售额。用实际生产成本减去期望值得到异常生产成本。

3. 异常酌量费用（AB_DISPEXP）

$$\frac{DISEXP_t}{ASSET_{t-1}} = \partial_0 + \partial_1 \frac{1}{ASSET_{t-1}} + \partial_2 \frac{SALES_{t-1}}{ASSET_{t-1}} + \varepsilon \tag{6-10}$$

在式（6-10）中，$DISEXP_t$包括销售费用与管理费用，用实际酌量性费用减去模型的拟合值得到异常酌量费用。

借鉴科恩（Cohen，2010）的研究思路，企业需要做大利润时，异常生产成本越高、异常酌量性费用和异常经营现金流越低。因此，真实盈余管理为可操控性生产成本与可操控性经营现金净流量和可操控性酌量性费用之差，即：

$$REM = AB\_PROD - AB\_CFO - AB\_DISPEXP \quad (6-11)$$

（五）控制变量

借鉴余明桂等（2013），我们还控制了以下影响企业风险承担行为和盈余管理的因素：盈利能力（ROA）、公司规模（Size）、财务杠杆（Lev）、成长性（Growth）、总资产周转率（Turnover）、盈余管理柔性（InvRec）、第一大股东持股比例（TOP1）、产权性质（SOE）、上市年限（Age）、董事会独立性（Indepen）、行业及年份等固定效应。本章所涉及的变量及其定义，具体如表6-1所示。

表6-1　变量定义

变量名称	变量符号	计算方法
企业风险承担	RiskT1	经行业和年度均值调整后的ROA波动率
	RiskT2	3年内经行业和年度均值调整后ROA最大值与最小值之差
投资者情绪	SENT	投资者情绪复合指数
应计盈余管理	DA	修正琼斯（Jones）模型估计的可操控性应计利润
真实盈余管理	REM	REM = AB_CFO + AB_PROD + AB_DISEXP
	AB_CFO	异常经营现金流量
	AB_PROD	异常生产成本
	AB_DISPEXP	异常酌量性费用
盈利能力	ROA	净利润/年末总资产
公司规模	Size	总资产的自然对数
财务杠杆	Lev	总负债/总资产
成长性	Growth	主营业务收入增长率
总资产周转率	Turnover	营业收入/平均资产总额
盈余管理柔性	InvRec	（存货+应收账款）/总资产
第一大股东持股比例	TOP1	第一大股东持股数/总股数

续表

变量名称	变量符号	计算方法
产权性质	SOE	产权属于国有为1，否则为0
上市年限	Age	ln（公司上市年限+1）
董事会独立性	Indepen	独立董事人数/董事会规模
固定效应	Fixed_Effect	行业、年份等固定效应

三、样本和数据来源

本章选取2001～2015年沪深A股所有上市公司为初始研究样本，剔除金融行业上市公司、ST公司和*ST公司，以及样本期间所处行业发生变更和数据缺失的公司后，最终样本为18 008个公司年度观测值。为了消除极端值的影响，我们在1%水平上对样本中所有的连续变量进行了缩尾处理。

本章的投资者情绪和宏观经济基本面代理变量、公司财务和公司治理等数据，来自深圳国泰安（CSMAR）数据库、万得（Wind）金融数据库。

第三节　实证检验结果与分析

一、描述性统计

表6－2是主要变量的描述性统计结果，可以发现，Risk T1的均值为0.036，最小值和最大值分别为0.002、0.251；Risk T2的均值为0.052，最小值和最大值分别为0.000、0.534。以上数据说明，样本期间企业的风险承担水平差异较大。SENT的均值为

-0.008，最小值和最大值分别为-0.955、1.407，样本期间市场投资者情绪有较大波动。DA 和 REM 的均值分别为-0.004、-0.030，中位数分别为-0.003、-0.030，说明半数以上的公司主要采取了负向的盈余管理策略。

表 6-2 主要变量描述性统计结果

变量	均值	标准差	最小值	P25	中位数	P75	最大值
RiskT1	0.036	0.040	0.002	0.012	0.022	0.044	0.251
RiskT2	0.052	0.059	0.000	0.014	0.031	0.065	0.534
SENT	-0.008	0.645	-0.955	-0.563	-0.125	0.346	1.407
DA	-0.004	0.082	-0.246	-0.048	-0.003	0.040	0.249
REM	-0.030	0.220	-0.717	-0.141	-0.030	0.085	0.628
ROA	0.035	0.061	-0.299	0.010	0.032	0.062	0.234
Lev	0.476	0.203	0.059	0.322	0.487	0.630	0.999
Size	21.787	1.202	18.738	20.939	21.646	22.462	25.474
Growth	0.210	0.587	-0.727	-0.029	0.117	0.294	4.711
Turnover	0.701	0.508	0.034	0.362	0.576	0.878	2.823
InvRec	0.282	0.177	0.006	0.150	0.257	0.387	0.784
Top1	0.367	0.155	0.089	0.243	0.345	0.481	0.750
SOE	0.549	0.498	0.000	0.000	1.000	1.000	1.000
Age	2.180	0.594	0.693	1.792	2.303	2.639	3.091
Indepen	0.364	0.053	0.182	0.333	0.333	0.385	0.571

二、多元回归分析

（一）投资者情绪与企业风险承担

表 6-3 是式（6-1）的多元回归结果，可以发现，SENT 与 RiskT1、RiskT2 的回归系数分别为 0.006 和 0.004，且均在 1% 的水平显著，说明投资者情绪对企业风险承担具有显著的正向影响，随

着市场情绪的日益高涨，企业风险承担显著增加，假设 6 - 1 得到验证。

在控制变量中，盈利能力（ROA）、公司规模（Size）和产权性质（SOE）与企业风险承担显著负相关。这说明，盈利能力较强、公司规模较大和国有控股公司，风险承担水平较低；成长性（Growth）和上市年限（Age）与企业风险承担显著正相关，意味着负债比率越大、成长性越高以及上市时间越长的公司其风险承担水平越高。控制变量的回归结果与已有文献基本一致。

表 6 - 3　　投资者情绪与企业风险承担

变量	RiskT1	RiskT2
SENT	0.006*** (8.28)	0.004*** (3.48)
ROA	-0.138*** (-25.93)	-0.286*** (-36.73)
Lev	0.004** (2.00)	0.003 (1.10)
Size	-0.005*** (-17.56)	-0.010*** (-23.11)
Growth	0.005*** (10.00)	0.010*** (13.95)
Top1	0.003 (1.61)	0.008*** (2.93)
SOE	-0.003*** (-4.03)	-0.008*** (-8.15)
Age	0.006*** (10.90)	0.009*** (11.61)
Indepen	0.007 (1.26)	0.021*** (2.69)
_Cons	0.144*** (19.47)	0.263*** (24.36)

续表

变量	RiskT1	RiskT2
Fixed_Effect	YES	YES
N	18 008	18 008
Adj_R^2	0. 128	0. 162
F	83. 431 ***	109. 562 ***

注：***、**、*分别代表1%、5%、10%的显著性水平。

（二）投资者情绪与盈余管理

表6－4是式（6－2）的多元回归结果。根据全样本回归结果，SENT与DA和REM的回归系数均在1%的水平上显著为正，说明投资者情绪与应计盈余管理（DA）和真实活动盈余管理（REM）均显著正相关。进一步，根据盈余管理方向，我们将样本分为正向应计盈余管理（DA >0）和负向应计盈余管理（DA <0）、正向真实活动盈余管理（REM >0）和负向真实活动盈余管理（REM <0）。分组回归结果显示，在DA >0以及REM >0的样本组，SENT的回归系数分别为0. 005和0. 014，显著性水平均达到1%，这表明在投资者情绪乐观期，上市公司正向盈余管理水平更大；但是，在DA <0以及REM <0的样本组，SENT的回归系数均未通过显著性检验。以上结果表明，随着情绪的不断高涨，上市公司更可能采用正向盈余管理策略来迎合投资者过度乐观的情绪和盈余预期；投资者情绪对负向盈余管理水平没有显著影响。因此，在投资者情绪影响企业风险承担的过程中，我们主要检验正向盈余管理的中介效应。

表6－4　投资者情绪与盈余管理

变量	应计盈余管理			真实活动盈余管理		
	全样本	DA >0	DA <0	全样本	REM >0	REM <0
SENT	0. 007 *** (4. 97)	0. 005 *** (3. 42)	－0. 000 (－0. 12)	0. 016 *** (4. 30)	0. 014 *** (3. 81)	0. 004 (1. 11)

续表

变量	应计盈余管理			真实活动盈余管理		
	全样本	DA > 0	DA < 0	全样本	REM > 0	REM < 0
ROA	−0.453***	−0.081***	−0.358***	−1.374***	−0.178***	−0.954***
	(−40.70)	(−7.22)	(−33.36)	(−47.83)	(−5.76)	(−35.46)
Lev	0.005	0.024***	−0.041***	0.037***	0.044***	0.007
	(1.29)	(6.40)	(−11.32)	(3.71)	(4.65)	(0.79)
Size	0.001**	−0.003***	0.006***	−0.014***	−0.016***	0.001
	(2.10)	(−4.57)	(11.28)	(−8.67)	(−10.20)	(0.49)
Growth	0.014***	0.017***	−0.008***	−0.003	0.024***	−0.020***
	(13.64)	(17.52)	(−8.12)	(−0.97)	(9.70)	(−8.28)
Turnover	−0.007***	0.007***	−0.007***	0.100***	0.108***	−0.071***
	(−5.66)	(5.44)	(−5.58)	(29.39)	(37.55)	(−17.73)
InvRec	0.077***	0.038***	0.036***	0.247***	0.122***	0.109***
	(19.49)	(9.96)	(9.38)	(24.22)	(12.15)	(11.00)
Top1	−0.010**	0.009**	−0.015***	0.028***	0.023**	−0.011
	(−2.55)	(2.29)	(−4.15)	(2.73)	(2.17)	(−1.17)
SOE	0.006***	−0.006***	0.006***	0.010***	−0.015***	0.021***
	(4.36)	(−4.03)	(4.95)	(2.82)	(−4.20)	(6.55)
Age	−0.007***	−0.001	−0.005***	−0.004	0.015***	−0.014***
	(−6.13)	(−0.47)	(−4.39)	(−1.28)	(5.19)	(−5.16)
Indepen	0.011	0.006	0.014	0.019	0.006	−0.006
	(1.03)	(0.56)	(1.39)	(0.66)	(0.22)	(−0.23)
_Cons	−0.019	0.084***	−0.155***	0.204***	0.309***	−0.065*
	(−1.23)	(5.32)	(−11.05)	(5.17)	(7.92)	(−1.85)
Fixed_ Effect	Control	Control	Control	Control	Control	Control
N	18 008	8 694	9 314	18 008	7 650	10 358
Adj_R^2	0.143	0.110	0.180	0.218	0.249	0.267
F	89.630***	32.611***	61.170***	148.618***	75.757***	111.951***

注：***、**、* 分别代表 1%、5%、10% 的显著性水平。

（三）投资者情绪与企业风险承担：盈余管理的中介效应

表6－5是式（6－3）的多元回归结果。根据正向应计盈余管理的中介效应检验（DA＞0），SENT与RiskT1和RiskT2的回归系数均显著为正，即投资者情绪对企业风险承担具有显著的正向影响；DA与RiskT1和RiskT2的回归系数，也都显著正相关，即式（6－3）的β_1和β_2均显著为正，意味着在投资者情绪对企业风险承担的影响中，至少有一部分是由于正向应计盈余管理的中介效应产生的，即正向应计盈余管理扮演了部分中介效应的角色。

表6－5　投资者情绪与企业风险承担：盈余管理的中介效应

变量	DA＞0		REM＞0	
	RiskT1	RiskT2	RiskT1	RiskT2
SENT	0.007*** (7.31)	0.004*** (2.81)	0.007*** (5.92)	0.003* (1.92)
DA	0.019** (2.55)	0.060*** (5.54)		
REM			0.002 (0.81)	0.024*** (5.28)
ROA	－0.219*** (－27.69)	－0.462*** (－40.93)	－0.190*** (－21.49)	－0.429*** (－33.43)
Lev	0.004 (1.46)	0.007* (1.85)	0.008*** (3.09)	0.011*** (2.85)
Size	－0.005*** (－12.20)	－0.011*** (－17.83)	－0.006*** (－13.77)	－0.012*** (－17.79)
Growth	0.005*** (6.65)	0.009*** (9.12)	0.005*** (6.51)	0.008*** (7.68)
Top1	0.004 (1.40)	0.008* (1.87)	－0.001 (－0.31)	0.007 (1.64)
SOE	－0.004*** (－4.42)	－0.011*** (－7.98)	－0.002** (－2.37)	－0.009*** (－5.83)
Age	0.006*** (7.16)	0.009*** (7.73)	0.006*** (7.31)	0.009*** (7.24)

续表

变量	DA > 0		REM > 0	
	RiskT1	RiskT2	RiskT1	RiskT2
Indepen	-0.000 (-0.03)	0.011 (1.03)	0.000 (0.05)	0.011 (0.92)
_Cons	0.146*** (13.07)	0.287*** (17.96)	0.156*** (13.60)	0.277*** (16.69)
Fixed_Effect	Control	Control	Control	Control
N	8 694	8 694	7 650	7 650
Adj_R^2	0.184	0.277	0.165	0.241
F	60.434***	101.766***	46.928***	74.444***

注：***、**、*分别代表1%、5%、10%的显著性水平。

根据正向真实活动盈余管理的中介效应检验（REM > 0），SENT与RiskT1和RiskT2的回归系数均显著为正，REM与RiskT1的回归系数没有通过显著性检验，REM与RiskT2的回归系数显著正相关。整体而言，在投资者情绪对企业风险承担的影响中，正向真实活动盈余管理基本上未能发挥中介效应的角色。假设6-2得到部分验证。

三、稳健性检验

我们以月新增投资者开户数（ACCOUNT）、消费者信心指数（CCI）作为投资者情绪的代理变量，对假设6-1和假设6-2进行稳健性检验，具体见表6-6～表6-9，限于篇幅，我们仅仅列示了RiskT1的回归结果。可以发现，主要研究结论保持一致，即投资者情绪对企业风险承担具有显著的正向影响；在投资者情绪影响企业风险承担的过程中，正向应计盈余管理扮演了部分中介效应的角色。

表 6-6　　投资者情绪与企业风险承担：稳健性检验

变量	ACCOUNT	CCI
Sentiment	0.004*** (8.24)	0.001*** (4.54)
ROA	-0.137*** (-25.67)	-0.138*** (-25.93)
Lev	0.003* (1.78)	0.004** (2.00)
Size	-0.005*** (-16.61)	-0.005*** (-17.56)
Growth	0.005*** (9.91)	0.005*** (10.00)
Top1	0.002 (0.89)	0.003 (1.61)
SOE	-0.003*** (-4.61)	-0.003*** (-4.03)
Age	0.006*** (9.82)	0.006*** (10.90)
Indepen	0.007 (1.27)	0.007 (1.26)
_Cons	0.124*** (16.15)	0.095*** (7.44)
Fixed_Effect	YES	YES
N Adj_R^2	18 008 0.128	18 008 0.128

注：***、**、*分别代表1%、5%、10%的显著性水平。

表 6-7　　投资者情绪与应计盈余管理：稳健性检验

变量	ACCOUNT			CCI		
	全样本	DA>0	DA<0	全样本	DA>0	DA<0
Sentiment	0.004*** (4.97)	0.003*** (3.43)	-0.000 (-0.07)	0.001*** (4.90)	0.001*** (4.76)	0.000 (0.20)
ROA	-0.452*** (-40.61)	-0.081*** (-7.15)	-0.359*** (-33.44)	-0.453*** (-40.70)	-0.081*** (-7.22)	-0.358*** (-33.36)
Lev	0.005 (1.26)	0.023*** (6.27)	-0.041*** (-11.09)	0.005 (1.29)	0.024*** (6.40)	-0.041*** (-11.32)
Size	0.001** (2.12)	-0.003*** (-4.16)	0.006*** (10.69)	0.001** (2.10)	-0.003*** (-4.57)	0.006*** (11.28)

续表

变量	ACCOUNT			CCI		
	全样本	DA >0	DA <0	全样本	DA >0	DA <0
Growth	0.014 *** (13.63)	0.017 *** (17.44)	-0.008 *** (-8.10)	0.014 *** (13.64)	0.017 *** (17.52)	-0.008 *** (-8.12)
Turnover	-0.007 *** (-5.66)	0.007 *** (5.47)	-0.007 *** (-5.57)	-0.007 *** (-5.66)	0.007 *** (5.44)	-0.007 *** (-5.58)
InvRec	0.077 *** (19.47)	0.038 *** (10.04)	0.036 *** (9.22)	0.077 *** (19.49)	0.038 *** (9.96)	0.036 *** (9.38)
Top1	-0.011 ** (-2.56)	0.008 ** (1.97)	-0.013 *** (-3.57)	-0.010 ** (-2.55)	0.009 ** (2.29)	-0.015 *** (-4.15)
SOE	0.006 *** (4.22)	-0.006 *** (-4.25)	0.007 *** (5.27)	0.006 *** (4.36)	-0.006 *** (-4.03)	0.006 *** (4.95)
Age	-0.007 *** (-6.04)	-0.001 (-0.81)	-0.004 *** (-3.80)	-0.007 *** (-6.13)	-0.001 (-0.47)	-0.005 *** (-4.39)
Indepen	0.011 (1.03)	0.006 (0.56)	0.014 (1.38)	0.011 (1.03)	0.006 (0.56)	0.014 (1.39)
_Cons	-0.042 *** (-2.65)	0.067 *** (4.10)	-0.153 *** (-10.48)	-0.119 *** (-4.54)	-0.013 (-0.48)	-0.157 *** (-6.50)
Fixed_Effect	YES	YES	YES	YES	YES	YES
N	18 008	8 694	9 314	18 008	8 694	9 314
Adj_R^2	0.143	0.110	0.180	0.143	0.110	0.180

注：***、**、*分别代表1%、5%、10%的显著性水平。

表6-8 投资者情绪与真实活动盈余管理：稳健性检验

变量	ACCOUNT			CCI		
	全样本	REM >0	REM <0	全样本	REM >0	REM <0
Sentiment	0.010 *** (4.26)	0.009 *** (3.81)	0.002 (1.10)	0.003 *** (5.14)	0.003 *** (4.92)	0.001 (1.20)
ROA	-1.366 *** (-47.49)	-0.176 *** (-5.71)	-0.952 *** (-35.32)	-1.374 *** (-47.83)	-0.178 *** (-5.76)	-0.954 *** (-35.46)
Lev	0.033 *** (3.29)	0.043 *** (4.52)	0.007 (0.70)	0.037 *** (3.71)	0.044 *** (4.65)	0.007 (0.79)
Size	-0.012 *** (-7.54)	-0.015 *** (-9.54)	0.001 (0.64)	-0.014 *** (-8.67)	-0.016 *** (-10.20)	0.001 (0.49)
Growth	-0.003 (-1.12)	0.024 *** (9.63)	-0.020 *** (-8.29)	-0.003 (-0.97)	0.024 *** (9.70)	-0.020 *** (-8.28)
Turnover	0.100 *** (29.44)	0.108 *** (37.58)	-0.071 *** (-17.73)	0.100 *** (29.39)	0.108 *** (37.55)	-0.071 *** (-17.73)

续表

变量	ACCOUNT			CCI		
	全样本	REM >0	REM <0	全样本	REM >0	REM <0
InvRec	0.250 *** (24.52)	0.123 *** (12.23)	0.109 *** (11.04)	0.247 *** (24.22)	0.122 *** (12.15)	0.109 *** (11.00)
Top1	0.018 * (1.65)	0.019 * (1.79)	-0.013 (-1.34)	0.028 *** (2.73)	0.023 ** (2.17)	-0.011 (-1.17)
SOE	0.007 * (1.81)	-0.016 *** (-4.44)	0.021 *** (6.23)	0.010 *** (2.82)	-0.015 *** (-4.20)	0.021 *** (6.55)
Age	-0.007 ** (-2.38)	0.014 *** (4.60)	-0.014 *** (-5.24)	-0.004 (-1.28)	0.015 *** (5.19)	-0.014 *** (-5.16)
Indepen	0.019 (0.67)	0.007 (0.26)	-0.006 (-0.24)	0.019 (0.66)	0.006 (0.22)	-0.006 (-0.23)
_Cons	0.144 *** (3.50)	0.258 *** (6.30)	-0.077 ** (-2.12)	-0.061 (-0.90)	0.043 (0.64)	-0.114 * (-1.87)
Fixed_ Effect	YES	YES	YES	YES	YES	YES
N	18 008	7 650	10 358	18 008	7 650	10 358
Adj_R^2	0.219	0.250	0.267	0.218	0.249	0.267

注：***、**、*分别代表1%、5%、10%的显著性水平。

表6-9　投资者情绪与企业风险承担：盈余管理的中介效应（稳健性检验）

变量	DA		REM	
	ACCOUNT	CCI	ACCOUNT	CCI
Sentiment	0.005 *** (7.32)	0.000 *** (3.05)	0.004 *** (5.82)	0.000 ** (2.39)
DA	0.019 ** (2.54)	0.019 ** (2.55)		
REM			0.003 (0.93)	0.002 (0.81)
ROA	-0.218 *** (-27.58)	-0.219 *** (-27.69)	-0.187 *** (-20.36)	-0.190 *** (-21.49)
Lev	0.004 (1.38)	0.004 (1.46)	0.009 *** (3.23)	0.008 *** (3.09)
Size	-0.005 *** (-11.66)	-0.005 *** (-12.20)	-0.006 *** (-13.42)	-0.006 *** (-13.77)
Growth	0.005 *** (6.59)	0.005 *** (6.65)	0.005 *** (5.80)	0.005 *** (6.51)

续表

变量	DA		REM	
	ACCOUNT	CCI	ACCOUNT	CCI
Top1	0.003 (1.10)	0.004 (1.40)	-0.003 (-0.85)	-0.001 (-0.31)
SOE	-0.005*** (-4.62)	-0.004*** (-4.42)	-0.003*** (-2.71)	-0.002** (-2.37)
Age	0.006*** (6.60)	0.006*** (7.16)	0.006*** (6.67)	0.006*** (7.31)
Indepen	-0.000 (-0.03)	-0.000 (-0.03)	0.002 (0.27)	0.000 (0.05)
_Cons	0.122*** (10.50)	0.098*** (5.29)	0.135*** (11.63)	0.115*** (5.84)
Fixed_Effect	YES	YES	YES	YES
N	8 694	8 694	7 650	7 650
Adj_R^2	0.187	0.184	0.164	0.165

注：***、**、*分别代表1%、5%、10%的显著性水平。

第四节　研究结论

风险承担主要代表企业在投资决策中的风险选择。在微观层面上，风险承担决定了企业的创新投资、销售绩效及长期可持续增长；在宏观层面上，具有更高风险承担水平的国家，其全要素生产率水平会更高、经济增长效益也更为突出（John et al.，2008）。鉴于其对一国经济增长的重要作用，企业风险承担一直是理论界和实务界关注的焦点。本章以沪深A股上市公司为研究样本，采用盈余波动率度量企业风险承担，实证检验了投资者情绪对企业风险承担的影响，以及盈余管理策略在其中扮演的中介效应角色。该研究发现，第一，投资者情绪对企业风险承担具有显著的正向影响；第二，投资者情绪与企业的应计盈余管理和真实活动盈余管理显著正相关，尤其是随着投资者情绪的日益高涨，管理层采取了正向的应计盈余管理和正向的真实活动盈余管理策略，来迎合投资者乐观的心理预期；第三，在投资者情绪影响企业风险承担的过程中，正向应计盈余管理策略扮演了部分中介效应的角色。

本章可能的研究贡献主要体现在以下三点：

第一，关于企业风险承担，现有文献主要从宏观层面的政治经济政策、投资者保护等正式制度和宗教、文化、社会网络等非正式制度，以及微观层面的股权结构、董事会特征和高管激励等公司治理机制及管理者个体特征等因素展开分析，本章将投资者情绪纳入企业风险承担的研究框架，拓展了企业风险承担影响因素的研究文献。

第二，关于投资者情绪，已有研究主要探讨了投资者情绪对股票收益的总体效应和横截面效应、投资者情绪对企业财务决策和信息披露策略的影响，本章则从企业风险承担视角，丰富了投资者情绪及其经济后果的研究。

第三，本章研究有助于监管部门以及投资者了解不同情绪期间企业的风险投资决策，以及投资者情绪影响风险投资决策的机理和路径，为提高资本市场资源配置效率和投资者保护提供借鉴。

第七章

研究结论和研究价值

第一节　主要研究结论

投资者情绪是指，投资者对未来预期的系统性偏差（Stein，1996）。行为金融理论认为，投资者并非完全理性，资本市场上投资者高涨的情绪或低迷的情绪会导致股票价格系统性地偏离其基础价值（Baker and Wurgler，2006）。不仅如此，投资者情绪也会影响公司资本投资、股利分配和信息披露等决策行为（Polk and Sapienza，2009；Bergman and Roychowdhury，2008；Brown et al.，2012）。作为新兴加转轨的中国资本市场，投资者情绪波动幅度较大，投资者对信息的反应表现出投机性强、换手率高以及“羊群行为”等非理性特征，导致上市公司股价严重偏离其基础价值。那么，在中国资本市场，管理层将采取何种信息披露策略来应对投资者情绪引致的股票错误定价？这是监管部门、学术界和实务界共同关注的重要问题。

本书先从资产定价、财务决策和资源配置效率视角，梳理了投资者情绪相关文献，综述了管理层业绩预告和企业盈余管理动机及影响因素的相关研究。在此基础上，以中国沪深 A 股上市公司为研究样本，基于管理层业绩预告和盈余管理行为，实证检验了投资者情绪对上市公司信息披露策略的影响。具体包括：第一，从管理层业绩预告择时及其市场反应视角，揭示了投资者情绪影响企业信息披露策略的路径及作用机理；第二，从管理层业绩预告披露方式的策略性选择视角，揭示了投资者情绪影响企业信息披露策略的路径及作用机理；第三，运用理性迎合理论，从盈余管理策略视角，揭示了投资者情绪影响企业信息披露策略的作用机理以及机构投资者在其中扮演的角色；第四，实证检验了投资者情绪对企业风险承担的影响，以及盈余管理策略在其中扮演的中介效应角色。

一、投资者情绪、管理层业绩预告择时与市场反应

我们以沪深 A 股上市公司管理层业绩预告为研究对象，采用主成分分析法构建了投资者情绪复合指数，从管理层业绩预告择时视角，实证考察了投资者情绪对企业信息披露策略的影响。该研究发现，上市公司的业绩预告存在择时披露行为，管理层倾向于在投资者关注度较低的时段披露坏消息；在不同的投资者情绪周期内，管理层的业绩预告择时行为存在差异，相对于情绪高涨期，在情绪悲观期，管理层对坏消息的择时行为更加显著。并且，在投资者情绪悲观期，业绩预告的择时披露能够进一步缓解坏消息的负面市场反应。

二、投资者情绪与管理层业绩预告披露方式

除了对业绩预告披露时间进行策略性选择外，为了规避诉讼风险和降低诉讼成本，管理层还会对业绩预告的披露方式进行策略性选择。我们以沪深 A 股上市公司管理层业绩预告为研究对象，分别运用投资者情绪复合指数和动量指标作为投资者情绪的代理变量，

以是否自愿披露业绩预告、业绩预告精确性以及预告态度等衡量管理层业绩预告披露行为，从管理层业绩预告披露方式的策略性选择视角，实证考察了投资者情绪对微观企业信息披露策略的影响。该研究发现，第一，当资本市场投资者情绪低落时，管理层更可能自愿披露业绩预告。第二，当资本市场投资者情绪低落时，管理层采取了更为精确的方式预告业绩，随着投资者情绪的不断高涨，业绩预告精确性显著下降。第三，企业管理者是理性的，在市场情绪低迷时期，理性的管理层为了扭转投资者对未来业绩的悲观预期，采取了较为乐观的方式预告业绩；随着市场情绪的不断高涨，管理层业绩预告的态度逐渐悲观。第四，区分业绩预告消息性质后发现，相对于好消息，管理层对坏消息采取了更为乐观的态度倾向；尤其当市场情绪低落时，管理层对坏消息的乐观倾向更加显著。

三、企业的盈余管理策略在迎合投资者情绪吗

基于资本市场动机、契约动机以及迎合政府监管或规避政府监管的动机，盈余管理是上市公司常见的会计行为。我们以沪深 A 股上市公司的季度数据，结合迎合理论和战略联盟假说，以投资者情绪复合指数作为情绪的代理变量，以修正的琼斯（Jones）模型度量公司盈余管理水平，从盈余管理视角，实证检验了投资者情绪对微观企业信息披露策略的影响。该研究发现，在中国资本市场，投资者情绪诱发了上市公司迎合性的盈余管理行为，上市公司主要通过正向（负向）盈余管理来主动迎合投资者高涨（悲观）的情绪；此外，机构持股显著增加了上市公司迎合性的盈余管理行为，随着市场情绪的不断高涨，机构投资者持股比例越高的公司更可能提高正向盈余管理水平，以迎合市场的乐观预期。

四、投资者情绪、盈余管理与企业风险承担

风险承担主要代表企业在投资决策中的风险选择。鉴于其对一国经济增长的重要作用，企业风险承担一直是理论界和实务界关注的焦点。投资者情绪是否影响以及如何影响企业风险承担？在投资者情绪影响企业风险承担的过程中，不同情绪期企业的盈余管理策略是否扮演了部分中介效应的角色？我们以沪深 A 股上市公司为研究样本，采用盈余波动率度量企业风险承担，对以上研究命题展开了实证检验。该研究发现，第一，投资者情绪对企业风险承担具有显著的正向影响；第二，投资者情绪与企业的应计盈余管理和真实活动盈余管理显著正相关，尤其是随着投资者情绪的日益高涨，管理层采取了正向的应计盈余管理和正向的真实活动盈余管理策略来迎合投资者乐观的心理预期；第三，在投资者情绪影响企业风险承担的过程中，正向应计盈余管理策略扮演了部分中介效应的角色。

第二节　研究价值

财务会计信息是公司信息的主要来源，在资本市场资源配置和投资者保护中发挥着重要作用。鉴于财务会计信息在投资者保护中的重要作用，以及投资者情绪存在的普遍性及其影响的重要性，本书从管理层业绩预告和盈余管理视角，实证检验了宏观市场层面的投资者情绪对微观企业信息披露策略的影响。这就为监管部门保护投资者利益，以及提高资本市场资源配置效率提供了理论依据、经验证据和政策建议。具体的研究价值如下：

第一，本书将投资者情绪与上市公司的财务报告行为联系起来，

运用行为金融理论解释了市场层面的投资者情绪对微观企业信息披露策略的影响，拓展了信息披露的研究文献，总结出以下三点。

首先，现有文献主要从股权激励及内部人减持等（张馨艺等，2012；蔡宁，2012；鲁桂华等，2017）微观企业视角探讨管理层业绩预告的择时策略，从产权性质（袁振超等，2014）、高管权力（王浩和向显湖，2015）、机构投资者调研（程小可等，2017）和公司战略（王玉涛和段梦然，2019）等视角，研究管理层业绩预告的披露方式。本书运用心理学和行为金融理论，揭示了投资者情绪影响管理层业绩预告择时策略和业绩预告披露方式的作用机制，丰富了管理层业绩预告的研究文献。

其次，盈余管理行为是会计学研究的重要问题，近期相关中文文献主要检验了盈余管理的资本市场动机（章卫东，2011；谢德仁等，2017；谢德仁和廖珂，2018）、报酬契约动机（杨慧辉等，2012；谢德仁等，2018）和政治成本假说（叶青等，2012；刘运国和刘梦宁，2015；吴德军等，2016），从宏观层面的制度与文化（潘越等，2010；陈冬华等，2013；陆瑶等，2017；陈德球和陈云森，2018）、中观层面的行业竞争（温日光和汪剑锋，2018）和行业景气度（陈武朝，2013；刘玉玉和唐嘉尉，2017）等行业环境以及微观层面的公司治理（陈克兢，2018）、公司战略（叶康涛等，2015；孙健等，2016）、高管的道德与心理特征（陈冬华等，2018；周美华等，2018）等因素，探讨了盈余管理的影响因素。区别于已有文献，本书从投资者情绪的新视角，运用理性迎合理论，揭示了不同市场情绪期间上市公司的盈余管理策略，拓展了盈余管理的研究文献。

最后，会计盈余在企业项目投资决策分析中具有重要作用，不同投资者情绪期间的盈余管理策略将导致高估的会计盈余或低估的会计盈余，进而影响项目投资决策和企业风险水平。本书揭示了盈余管理在投资者情绪影响企业风险承担过程中的部分中介效应，深化了盈余管理经济后果的研究文献。

第二，关于投资者情绪，相关中文文献更关注投资者情绪对资产价格总体效应和横截面效应的影响（Baker and Wurgler，2006，2007；王美今和孙建军，2004），主要从融资（McLean and Zhao，2014；徐浩萍和杨国超，2013）、资本投资（Baker et al.，2003；Polk and Sapienza，2009；花贵如等，2011）和股利分配（Baker and Wurgler，2004；Baker et al.，2009）等角度，检验了投资者情绪的经济后果。本书基于信息披露策略进行验证，丰富了中国资本市场投资者情绪及其经济后果的研究文献，总结出以下三点。

首先，从管理层业绩预告择时策略及其市场反应、管理层业绩预告披露方式的策略性选择视角，拓展了关于投资者情绪经济后果的研究。

其次，运用理性迎合理论，揭示了投资者情绪影响企业盈余管理策略的作用机理，并结合战略联盟假说，分析了不同市场情绪期间机构投资者的业绩压力差异及其对上市公司盈余管理策略的影响，从盈余管理策略和机构投资者视角丰富了投资者情绪的研究文献。

最后，风险承担是企业投资决策中的一项重要决策，有助于企业未来业绩增长和价值增值，也能促进经济增长（John et al.，2008）。现有文献主要从宏观层面的政治经济政策（Mclean and Zhao，2014；胡育蓉等，2014；周彬蕊，2017；刘志远等，2017）、投资者保护等正式制度（John et al.，2008）和宗教传统、文化、社会网络等非正式制度（Hilary and Hui，2009；王菁华等，2017；Li et al.，2013；苏坤，2017；金智等，2017；张敏等，2014），以及微观层面的股权结构（Faccio et al.，2011；Boubakri et al.，2013；李文贵和余明桂，2012；余明桂等，2013）、董事会特征

(Su and Lee，2013；周泽将等，2018）和高管激励（Wright et al.，2007；Dong et al.，2010；苏坤，2015）等公司治理机制及管理者个体特征（Faccio et al.，2014；Peltomäki et al.，2015；陆瑶和湖江燕，2014；宋建波等，2017；Baker and Wurgler，2012；余明桂等，2013）等因素展开分析，本书运用行为金融理论，解释了投资者情绪对企业风险承担的影响以及盈余管理的中介效应角色，从企业风险承担及盈余管理视角深化了投资者情绪及其经济后果的研究文献。

第三，在实践上，研究结果可以为监管部门加强对上市公司信息披露行为的监管、保护投资者利益以及提高资本市场效率等提供理论基础、经验证据和政策建议。针对不同的研究内容，总结出以下三点。

首先，关于投资者情绪与管理层业绩预告策略，研究结果有助于投资者和监管部门了解不同投资者情绪期间管理层业绩预告的择时策略和披露方式的策略性选择，识别管理层运用市场的错误定价操控业绩预告的方式，从而为监管部门完善管理层业绩预告制度提供理论依据和经验证据。

其次，关于投资者情绪与盈余管理策略，研究结果有助于投资者和监管部门识别公司经理人运用市场错误定价操控会计盈余的策略；也有助于我们了解不同市场情绪期间机构投资者的业绩压力差异及其后果，从而为监管部门完善上市公司信息披露质量、充分发挥机构投资者的“有效监督者”角色提供理论依据和经验证据。

最后，关于投资者情绪、盈余管理与企业风险承担，研究结果有助于投资者和监管部门了解不同投资者情绪期间企业的风险投资决策，以及投资者情绪影响风险投资决策的作用机理和盈余管理的中介效应角色，为提高资本市场资源配置效率和投资者保护提供借鉴。

主要参考文献

[1] 蔡宁. 信息优势、择时行为与大股东内幕交易 [J]. 金融研究, 2012 (5): 179-192.

[2] 陈德球, 陈运森. 政策不确定性与上市公司盈余管理 [J]. 经济研究, 2018 (6): 97-111.

[3] 陈冬华, 胡晓莉, 梁上坤, 新夫. 宗教传统与公司治理 [J]. 经济研究, 2013 (9): 71-84.

[4] 陈冬华, 祝娟, 俞俊利. 盈余管理行为中的经理人惯性——一种基于个人道德角度的解释与实证 [J]. 南开管理评论, 2017 (3): 144-158.

[5] 陈克兢. 退出威胁与公司治理——基于盈余管理的视角 [J]. 财经研究, 2018 (11): 18-32.

[6] 陈克兢, 李延喜, 孙文章, 杨莉. 制度约束还是制度诱导? ——中国上市公司盈余管理策略演变的经验证据 [J]. 管理评论, 2016 (5): 122-136.

[7] 陈鹏程, 周孝华. 机构投资者私人信息、散户投资者情绪与 IPO 首日回报率 [J]. 中国管理科学, 2016 (4): 37-44.

[8] 陈其安, 雷小燕. 货币政策、投资者情绪与中国股票市场波动性: 理论与实证 [J]. 中国管理科学, 2017 (11): 1-11.

[9] 程小可, 李昊洋, 高升好. 机构投资者调研与管理层盈余预测方式 [J]. 管理科学, 2017 (1): 131-145.

[10] 池丽旭，庄新田．中国证券市场的投资者情绪研究 [J]．管理科学，2010 (3)：79－87.

[11] 池丽旭，庄新田．我国投资者情绪对股票收益影响——基于面板数据的研究 [J]．管理评论，2011 (6)：41－48.

[12] 邓路，刘瑞琪，廖明情．盈余管理、金融市场化与公司超额银行借款 [J]．管理科学学报，2019 (2)：22－35.

[13] 高大良，刘志峰，杨晓光．投资者情绪、平均相关性与股市收益 [J]．中国管理科学，2015 (2)：10－20.

[14] 韩立岩，伍燕然．投资者情绪与 IPOs 之谜——抑价或者溢价 [J]．管理世界，2007 (3)：51－61.

[15] 何威风，陈莉萍，刘巍．业绩考核制度会影响企业盈余管理行为吗？[J]．南开管理评论，2019 (1)：17－30.

[16] 胡育蓉，朱恩涛，龚金泉．货币政策立场如何影响企业风险承担——传导机制与实证检验 [J]．经济科学，2014 (1)：39－55.

[17] 花贵如，刘志远，许骞．投资者情绪、企业投资行为与资源配置效率 [J]．会计研究，2010 (11)：49－55.

[18] 花贵如，刘志远，许骞．投资者情绪、管理者乐观主义与企业投资行为 [J]．金融研究，2011 (9)：178－191.

[19] 黄宏斌，刘志远．投资者情绪与贷款规模对信贷配置效率的影响 [J]．系统工程，2013 (4)：1－12.

[20] 黄宏斌，刘志远．投资者情绪与企业信贷资源获取 [J]．投资研究，2013 (2)：13－29.

[21] 黄宏斌，翟淑萍，陈静楠．企业生命周期、融资方式与融资约束——基于投资者情绪调节效应的研究 [J]．金融研究，2016 (7)：96－112.

[22] 蒋玉梅，王明照．投资者情绪与股票收益：总体效应与横

截面效应的实证研究［J］. 南开管理评论，2010（3）：150－160.

［23］李广众，贾凡胜. 政府财政激励、税收征管动机与企业盈余管理——以财政“省直管县”改革为自然实验的研究［J］. 金融研究，2019（2）：78－97.

［24］李星辰，姜英兵. 股权激励与分类转移盈余管理——基于股权激励契约要素角度［J］. 宏观经济研究，2018（2）：44－58.

［25］刘莉亚，丁剑平，陈振瑜. 投资者情绪对资本市场稳定性的实证研究——来自截面效应的分析［J］. 财经研究，2010（3）：133－143.

［26］刘晓星，张旭，顾笑贤，姚登宝. 投资者行为如何影响股票市场流动性？——基于投资者情绪、信息认知和卖空约束的分析［J］. 管理科学学报，2016（10）：87－100.

［27］刘行，建蕾，梁娟. 房价波动、抵押资产价值与企业风险承担［J］. 金融研究，2016（3）：107－123.

［28］刘银国，孙慧倩，王烨. 股票期权激励、行权业绩条件与真实盈余管理［J］. 管理工程学报，2018（2）：128－136.

［29］刘玉玉，唐嘉尉. 行业景气度及其波动性对企业盈余管理的影响研究［J］. 审计研究，2017（2）：104－112.

［30］刘运国，刘梦宁. 雾霾影响了重污染企业的盈余管理吗？——基于政治成本假说的考察［J］. 会计研究，2015（3）：26－33.

［31］刘志远，靳光辉，黄宏斌. 投资者情绪与控股股东迎合——基于公司投资决策的实证研究［J］. 系统工程，2012（10）：1－9.

［32］刘志远，王存峰，彭涛，郭瑾. 政策不确定性与企业风险承担：机遇预期效应还是损失规避效应［J］. 南开管理评论，2017（6）：15－27.

[33] 鲁桂华，张静，刘保良．中国上市公司自愿性积极业绩预告：利公还是利私——基于大股东减持的经验证据［J］．南开管理评论，2017（2）：133－143.

[34] 陆瑶，施新政，刘璐瑶．劳动力保护与盈余管理——基于最低工资政策变动的实证分析［J］．管理世界，2017（3）：146－158.

[35] 陆瑶，胡江燕．CEO 与董事间的“老乡”关系对我国上市公司风险水平的影响［J］．管理世界，2014（3）：131－138.

[36] 罗斌元．内部控制、投资者情绪与企业投资效率［J］．中南财经政法大学学报，2017（6）：11－20.

[37] 潘敏，朱迪星．企业的投资决策在迎合市场情绪吗？——来自我国上市公司的经验证据［J］．经济管理，2010（11）：124－131.

[38] 潘敏，朱迪星．市场周期、投资者情绪与企业投资决策——来自中国上市公司的经验证据［J］．经济管理，2011（9）：122－131.

[39] 潘越，吴超鹏，史晓康．社会资本、法律保护与 IPO 盈余管理［J］．会计研究，2010（5）：62－67.

[40] 钱先航，徐业坤．官员更替，政治身份与民营上市公司的风险承担［J］．经济学（季刊），2014（4）：1437－1460.

[41] 邵新建，何明燕，江萍，薛熠，廖静池．媒体公关、投资者情绪与证券发行定价［J］．金融研究，2015（9）：190－206.

[42] 宋顺林，王彦超．投资者情绪如何影响股票定价？——基于 IPO 公司的实证研究［J］．管理科学学报，2016（5）：41－55.

[43] 孙健，王百强，曹丰，刘向强．公司战略影响盈余管理吗？［J］．管理世界，2016（3）：160－169.

[44] 苏坤．管理层股权激励、风险承担与资本配置效率 [J]．管理科学，2015 (3)：14-25.

[45] 苏坤．国有“金字塔”层级对公司风险承担的影响 [J]．中国工业经济，2016 (6)：127-143.

[46] 童盼，王旭芳．公开增发市场反应与市场环境——基于投资者情绪的研究 [J]．中国会计评论，2010 (1)：53-72.

[47] 熊伟，陈浪南．股票特质波动率、股票收益与投资者情绪 [J]．管理科学，2015 (5)：106-115.

[48] 许骞，花贵如．投资者情绪、现金持有与上市公司投资 [J]．中国会计评论，2015 (2)：229-242.

[49] 汪昌云，武佳薇．媒体语气、投资者情绪与 IPO 定价 [J]．金融研究，2015 (9)：174-189.

[50] 王俊秋，花贵如，姚美云．投资者情绪与管理层业绩预告策略 [J]．财经研究，2013 (10)：76-90.

[51] 王俊秋，张丹彧．企业的盈余管理策略在迎合投资者情绪吗？——来自中国上市公司的经验证据 [J]．华东理工大学学报，2017 (1)：55-66.

[52] 王英允，彭正银，高敬忠．投资者注意力与管理层业绩预告择机——积极监督抑或过度压力 [J]．经济管理，2019 (2)：139-155.

[53] 王玉涛，段梦然．企业战略影响管理层业绩预告行为吗？[J]．管理评论，2019 (2)：200-213.

[54] 王菁华，茅宁．企业风险承担研究述评及展望 [J]．外国经济与管理，2015 (12)：44-58.

[55] 文凤华，肖金利，黄创霞，陈晓红，杨晓光．投资者情绪特征对股票价格行为的影响研究 [J]．管理科学学报，2014 (3)：60-69.

[56] 温日光，汪剑锋. 上市公司会因行业竞争压力上调公司盈余吗 [J]. 南开管理评论，2018 (1)：182－190.

[57] 温忠麟，叶宝娟. 中介效应分析：方法和模型发展 [J]. 心理科学进展，2014 (5)：731－745.

[58] 伍燕然，韩立岩. 不完全理性、投资者情绪与封闭式基金之谜 [J]. 经济研究，2007 (3)：117－129.

[59] 谢德仁，廖珂. 控股股东股权质押与盈余管理 [J]. 会计研究，2018 (8)：21－27.

[60] 谢德仁，崔宸瑜，汤晓燕. 业绩型股权激励下的业绩达标动机和真实盈余管理 [J]. 南开管理评论，2018 (1)：159－171.

[61] 徐枫，胡鞍钢. 异质信念、投资者情绪与企业增发偏好 [J]. 经济科学，2012 (5)：81－91.

[62] 许文静，苏立，吕鹏，郝洪. 退市制度变革对上市公司盈余管理行为影响 [J]. 会计研究，2018 (6)：32－38.

[63] 严楷，杨筝，赵向芳，王红建. 银行管制放松、地区结构性竞争与企业风险承担 [J]. 南开管理评论，2019 (1)：124－138.

[64] 叶康涛，董雪雁，崔倚菁. 企业战略定位与会计盈余管理行为选择 [J]. 会计研究，2015 (10)：23－27.

[65] 叶青，李增泉，李光青. 富豪榜会影响企业会计信息质量吗？——基于政治成本视角的考察 [J]. 管理世界，2012 (1)：104－120.

[66] 易志高，茅宁. 中国股市投资者情绪测量研究：CICSI 的构建 [J]. 金融研究，2009 (11)：174－184.

[67] 余明桂，李文贵，潘红波. 管理者过度自信与企业风险承担 [J]. 金融研究，2013 (1)：149－163.

[68] 余明桂，李文贵，潘红波. 民营化、产权保护与企业风险承担 [J]. 经济研究，2013 (9)：112－124.

[69] 余佩琨，钟瑞军．个人投资者情绪能预测市场收益吗？[J]．南开管理评论，2009（1）：96－101.

[70] 俞红海，李心丹，耿子扬．投资者情绪、意见分歧与中国股市 IPO 之谜 [J]．管理科学学报，2015（3）：78－89.

[71] 翟淑萍，黄宏斌，毕晓方．资本市场业绩预期压力、投资者情绪与企业研发投资 [J]．科学学研究，2017（6）：896－906.

[72] 张敏，童丽静，许浩然．社会网络与企业风险承担——基于我国上市公司的经验证据 [J]．管理世界，2015（11）：161－175.

[73] 张馨艺，张海燕，夏冬林．高管持股、择时披露与市场反应 [J]．会计研究，2012（6）：54－60.

[74] 张晓东．政治成本、盈余管理及其经济后果——来自中国资本市场的证据 [J]．中国工业经济，2008（8）：109－119.

[75] 张宗新，王海亮．投资者情绪、主观信念调整与市场波动 [J]．金融研究，2013（4）：142－155.

[76] 张戈，王美今．投资者情绪与上市公司实际投资 [J]．南方经济，2007（3）：3－14.

[77] 张庆，朱迪星．投资者情绪、管理层持股与企业实际投资——来自中国上市公司的经验证据 [J]．南开管理评论，2014（4）：120－127.

[78] 赵龙凯，江嘉骏，余音．文化、制度与合资企业盈余管理 [J]．金融研究，2016（5）：138－155.

[79] 周美华，林斌，罗劲博，李炜文．CEO 组织认同能抑制盈余管理吗——来自中国上市公司调查问卷的证据 [J]．南开管理评论，2018（4）：93－108.

[80] 周孝华，陈鹏程．锁定制度、投资者情绪与 IPO 定价：基于承销商视角的理论与数值分析 [J]．管理工程学报，2017（2）：

84 - 90.

[81] 周彬蕊，刘锡良，张琳．货币政策冲击、金融市场化改革与企业风险承担 [J]. 世界经济，2017 (10): 93 - 118.

[82] Aboody David, Kasznik Ron. CEO Stock Option Awards and the Timing of Voluntary Corporate Disclosures [J]. Journal of Accounting and Economics, 2000, 29 (1): 73 - 100.

[83] Ali Ashiq, Gurun Umit G. Investor Sentiment, Accruals Anomaly, and Accruals Management [J]. Journal of Accounting, Auditing & Finance, 2009, 24 (3): 415 - 431.

[84] Acharya Viral V., Amihud Yakov and Litov Lubomir P. Creditor Rights and Corporate Risk-Taking [J]. Journal of Financial Economics, 2011, 102 (1): 150 - 166.

[85] Baker Malcolm, Wurgler Jeffrey. Market Timing and Capital Structure [J]. Journal of Finance, 2002, 57 (1): 1 - 32.

[86] Baker Malcolm, Stein Jeremy C. and Wurgler Jeffrey. When Does the Market Matter? Stock Prices and the Investment of Equity-Dependent Firms [J]. Quarterly Journal of Economics, 2003, August (118): 969 - 1005.

[87] Baker Malcolm, Wurgler Jeffrey. A Catering Theory of Dividends [J]. Journal of Finance, 2004, 59 (3): 1125 - 1165.

[88] Baker Malcolm, Stein Jeremy C. Market Liquidity as a Sentiment Indicator [J]. Journal of Financial Markets, 2004, 7 (3): 271 - 299.

[89] Baker Malcolm, Wurgler Jeffrey. Investor Sentiment and the Cross-Section of Stock Returns [J]. The Journal of Finance, 2006, 61 (4): 1645 - 1680.

[90] Baker Malcolm, Wurgler Jeffrey. Investor Sentiment in the

Stock Market [J]. The Journal of Economic Perspectives, 2007, 21 (2): 129 - 151.

[91] Bamber Linda Smith, Jiang John and Wang Isabel. What's My Style? The Influence of Top Managers on Voluntary Corporate Financial Disclosure [J]. The Accounting Review, 2010, 85 (4): 1131 - 1162.

[92] Barberis Nicholas, Shleifer Andrer and Wurgler Jeffery. Comovement [J]. Journal of Financial Economics, 2005, 75 (2): 283 - 317.

[93] Bargeron Leonce L., Lehn Kenneth M. and Zutter Chad J. Sarbanes-Oxley and Corporate Risk-Taking [J]. Journal of Accounting and Economics, 2010, 49 (1): 34 - 52.

[94] Bergman Nattai K., Roychowdhury Sugata. Investor Sentiment, Expectations and Corporate Disclosure [J]. Journal of Accounting Research, 2008, 46 (5): 1057 - 1083.

[95] Bergstresser Daniel, Philippon Thomas. CEO Incentives and Earnings Management [J]. Journal of Financial Economics, 2006, 80 (3): 511 - 529.

[96] Bernanke Ben, Gertler Mark. Agency Costs, Net Worth and Business Fluctuations [J]. American Economic Review, 1989, 79 (1): 14 - 31.

[97] Ben-Rephael A., Kandel Shmuel and Wohl Avi. Measuring Investor Sentiment with Mutual Fund Flows [J]. Journal of Financial Economics, 2012, 104 (2): 363 - 382.

[98] Bless Herbert, Clore Gerald, Schwarz Norbert, Golosano Verena and Rabe Christina. Mood and the Use of Scripts: Does a Happy Mood Really Lead to Mindlessness? [J]. Journal of Personality and Social Psychology, 1996, 71 (4): 665 - 679.

[99] Boubakri Narjess, Cosset Jean-Claude and Saffar Walid. The Role of State and Foreign Owners in Corporate Risk-Taking: Evidence from Privatization [J]. Journal of Financial Economics, 2013, 108 (3): 641-658.

[100] Brown Gregory W., Cliff Michael T. Investor Sentiment and the Near-Term Stock Market [J]. Journal of Empirical Finance, 2004, 11 (1): 1-27.

[101] Brown Nerissa C., Christensen Theodore E., Elliott W. Brooke and Mergenthaler Jr, Richard. Investor Sentiment and Pro Forma Earnings Disclosure [J]. Journal of Accounting Research, 2012, 50 (1): 1-40.

[102] Cao Melanie, Wei Jason. Stock Market Returns: A Note on Temperature Anomaly [J]. Journal of Banking and Finance, 2005, 29 (6): 1559-1573.

[103] Chan Yue-Cheong. How Does Retail Sentiment Affect IPO Returns? Evidence from the Internet Bubble period [J]. International Review of Economics and Finance, 2014, 29 (1): 235-248.

[104] Cheng Qiang, Warfield Terry D. Equity Incentives and Earnings Management [J]. The Accounting Review, 2005, 80 (2): 441-476.

[105] Cheng Qiang, Lo Kin. Insider Trading and Voluntary Disclosures [J]. Journal of Accounting Research, 2006, 44 (5): 815-848.

[106] Cohen Daniel A., Dey Aiyesha and Lys Thomas Z. Real and Accrual-based Earnings Management in the Pre-and Post-Sarbanes-Oxley Periods [J]. The Accounting Review, 2008, 83 (3): 757-787.

[107] Cohen Daniel A., Dey Aiyesha. Corporate Governance Re-

form and Executive Incentives: Implications for Investments and Risk Taking [J]. Contemporary Accounting Research, 2013, 30 (4): 1296 – 1332.

[108] Coles Jeffery L., Daniel Naveen D. and Naveen Lalitha. Managerial Incentive and Risk Taking [J]. Journal of Financial Economics, 2006, 79 (2): 431 – 468.

[109] Collins Daniel W., Gong Guojin. and Li Haidan. Corporate Governance and Backdating of Executive Stock Options [J]. Contemporary Accounting Research, 2009, 26 (2): 403 – 445.

[110] Cornelli Francesca, Goldreich David and Ljungqvist Alexander. Investor Sentiment and Pre-IPO Markets [J]. The Journal of Finance, 2006, 61 (3): 1187 – 1215.

[111] Damodaran Aswath. The Weekend Effect in Information Releases: A Study of Earnings and Dividend Announcements [J]. Review of Financial Studies, 1989, 2 (4): 607 – 623.

[112] Dechow Patricia M., Sloan Richard G. and Sweeney Amy P. Detecting Earnings Management [J]. The Accounting Review, 1995, 70 (2): 193 – 225.

[113] De Long J. Bradford, Shleifer Andrei, Summers Lawrence H. and Waldmann Robert J. Noise Trader Risk in Financial Markets [J]. The Journal of Political Economy, 1990, 98 (4): 703 – 738.

[114] Derrien Francois. IPO Pricing in 'Hot' Market Conditions: Who Leaves Money on the Table? [J]. Journal of Finance, 2005, 60 (1): 487 – 521.

[115] Devos Erik., Elliott William B. and Warr Richard S. CEO Opportunism: Option Grants and Stock Trades around Stock Splits [J]. Journal of Accounting and Economics, 2015, 60 (1): 18 – 35.

[116] Dichev Ilia D., Graham John R., Harvey Campbell R. and Rajgopal Shivaram. Earnings Quality: Evidence from the Field [J]. Journal of Accounting and Economics, 2013, 56 (2/3): 1-33.

[117] Dimitrov Valentin., Jain Prem C. It's Show Time: Do Managers Reports Better News before Annual Shareholder Meeting? [J]. Journal of Accounting Research, 2011, 49 (5): 1193-1221.

[118] Doyle Jeffrey T., Magilke Matthew. The Timing of Earnings Announcements: An Examination of the Strategic Disclosure Hypothesis [J]. The Accounting Review, 2009, 84 (1): 157-182.

[119] Edmans Alex, Garcia Diego and Norli Øyvind. Sport Sentiment and Stock Returns [J]. Journal of Finance, 2007, 62 (4): 1967-1998.

[120] Faccio Mara, Marchica Maria T. and Mura Roberto. Large Shareholder Diversification and Corporate Risk-Taking [J]. Review of Financial Studies, 2011, 24 (11): 3601-3641.

[121] Francis Jennifer., Philbrick Donna and Schipper Katherine. Shareholder Litigation and Corporate Disclosures [J]. Journal of Accounting Research, 1994, 32 (2): 137-165.

[122] Field Laura Casares., Michelle Lowy and Shu, Susan. Does Disclosure Deter or Trigger Litigation? [J]. Journal of Accounting and Economics, 2005, 39 (3): 487-507.

[123] Grundy Bruce D., Li Hui. Investor Sentiment, Executive Compensation, and Corporate Investment [J]. Journal of Banking & Finance, 2010, 34 (10): 2439-2449.

[124] Healy Paul M., Palepu Krishna. A Review of the Empirical Disclosure Literature [J]. Journal of Accounting and Economics, 2001, (31): 405-440.

[125] Hilary Gilles. , Hui Kai Wai. Does Religion Matter in Corporate Decision Making in America? [J]. Journal of Financial Economics, 2009, 93 (3): 455 - 473.

[126] Hribar Paul. , McInnis John. Investor Sentiment and Analysts' Earnings Forecast Errors [J]. Management Science, 2012, 58 (2): 293 - 307.

[127] Hirshleifer David A. , Teoh Siew Hong. Limited Attention, Information Disclosure and Financial Reporting [J]. Journal of Accounting and Economics, 2003 (1-3): 337 - 386.

[128] Hirst D. Eric, Koonce Lisa and Venkataraman Shankar. Management Earnings Forecasts: A Review and Framework [J]. Accounting Horizons, 2008, 22 (3): 315 - 338.

[129] Hutton Amy P. , Miller Gregory S. and Skinner Douglas J. The Role of Supplementary Statements with Management Earnings Forecasts [J]. Journal of Accounting Research, 2003, 41 (5): 867 - 890.

[130] Jiang John X. , Petroni Kathy R. and Wang Isabel Y. CFOs and CEOs: Who Have the Most Influence on Earnings Management? [J] Journal of Financial Economics, 2010, 96 (3): 513 - 526.

[131] John Kose, Litov Lubomir. and Yeung Bernard. Corporate Governance and Risk-Taking [J]. The Journal of Finance, 2008, 63 (4): 1679 - 1728.

[132] Kramer Lisa A. , Kamstra Mark J. and Levi Maurice D. Losing Sleep at the Market: the Daylight-Savings Anomaly [J]. American Economic Review, 2000, 90 (4): 1000 - 1005.

[133] Kumar Alok, Lee Charles M. C. Retail Investor Sentiment and Return Comovements [J]. Journal of Finance, 2006, 61 (5):

2451 - 2486.

[134] Lee Charles, Shleifer Andrei and Thaler Richard H. Investor Sentiment and the Closed-End Fund Puzzle [J]. The Journal of Finance, 1991, 46 (1), 75 - 109.

[135] Lee Wayne Y., Jiang Christine X. and Indro Daniel. Stock Market Volatility, Excess Return, and the Role of Investor Sentiment [J]. Journal of Banking and Finance, 2002, 26 (12): 2277 - 2299.

[136] Lemmon Michael, Portniaguna Evgenia. Consumer Confidence and Asset Prices: Some Empirical Evidence [J]. Review of Financial Studies, 2006, 19 (4): 1499 - 1529.

[137] Leuz Christian, Nanda Dhananjay and Wysocki Peter D. Earnings Management and Investor Protection: An International Comparison [J]. Journal of Financial Econmics, 2003, 69 (3): 505 - 527.

[138] Li Kai, Griffin Dale, Yue Heng and Zhao Longkai. How does Culture Influence Corporate Risk-Taking [J]. Journal of Corporate Finance, 2013, 23 (3): 1 - 22.

[139] Li Jiatao, Tang Yi. CEO Hubris and Firm Risk Taking in China: The Moderating Role of Managerial Discretion [J]. Academy of Management Journal, 2010, 53 (1): 45 - 68.

[140] Liu Shuming. Investor Sentiment and Stock Market Liquidity [J]. Journal of Behavioral Finance, 2015, 16 (1): 51 - 67.

[141] Ljungqvist Alexander, Nanda Vikram and Singh Rajdeep. Hot Markets, Investor Sentiment and IPO Pricing [J]. Journal of Business, 2006, 79 (4): 1667 - 1702.

[142] Low Angie. Managerial Risk-Taking Behavior and Equity Based Compensation [J]. Journal of Financial Economics, 2009, 92 (3): 470 - 490.

[143] McAnally Mary L., Srivastava Anup and Weaver Connie D. Executive Stock Options, Missed Earnings Targets, and Earnings Management [J]. The Accounting Review, 2008, 83 (1): 185-216.

[144] McLean David R., Zhao Mengxin. The Business Cycle, Investor Sentiment, and Costly External Finance [J]. The Journal of Finance, 2014, 69 (3): 1377-1409.

[145] Mian G. Mujtaba., Sankaraguruswamy Srinivasan. Investor Sentiment and Stock Market Response to Earnings News [J]. The Accounting Review, 2012, 87 (4): 1357-1384.

[146] Michaely Roni, Rubin Amir and Vedrashk Alexander. Further Evidence on the Strategic Timing of Earnings News: Joint Analysis of Weekdays and Times of Day [J]. Journal of Accounting and Economics, 2016, 62 (1): 24-45.

[147] Nagar Venky, Nanda Dhananjay and Wysocki Peter. Discretionary Disclosure and Stock-Based Incentives [J]. Journal of Accounting and Economics, 2003, 34 (1-3): 283-309.

[148] Polk Christopher, Sapienza Paola. The Stock Market and Corporate Investment: A Test of Catering Theory [J]. Review of Financial Studies, 2009, 22 (1): 187-217.

[149] Patell James M., Wolfson Mark A. Good News, Bad News, the Intraday Timing of Corporate Disclosures [J]. The Accounting Review, 1982, 57 (3): 509-564.

[150] Penman Stephen H. The Distribution of Earnings News over Time and Seasonalities in Aggresgate Stock Returns [J]. Journal of Financial Economics, 1987, 18 (2): 199-228.

[151] Richardson Scott. Over-Investment of Free Cash Flow [J]. Review of Accounting Studies, 2006, 11 (3): 159-189.

[152] Rogers Jonathan L., Stocken Phillip C. Credibility on Management Forecasts [J]. The Accounting Review, 2005, 80 (4): 1233-1260.

[153] Rogers Jonathan L., Andrew Van Buskirk. Shareholder Litigation and Changes In Disclosure Behavior [J]. Journal of Accounting and Economics, 2009, 47 (1-2): 136-156.

[154] Roychowdhury Sugata. Earnings Management through Real Activities Manipulation [J]. Journal of Accounting and Economics, 2006, 42 (3): 335-370.

[155] Schmeling Maik. Institutional and Individual Sentiment: Smart Money and Noise Trader Risk? [J]. International Journal of Forecasting, 2007, 23 (1): 127-145.

[156] Schmeling Maik. Investor Sentiment and Stock Returns: Some International Evidence [J]. Journal of Empirical Finance, 2009, 16 (3): 394-408.

[157] Skinner Douglas J. Why Firms Voluntarily Disclose Bad News [J]. Journal of Accounting Research, 1994, 32 (1): 38-61.

[158] Sloan Richard G. Do Stock Prices Fully Reflect Information in Accruals and Cash Flows About Future Earnings? [J]. The Accounting Review, 1996, 71 (3): 289-315.

[159] Stein Jeremy C. Rational Capital Budgeting in an Irrational World [J]. The Journal of Business, 1996, 69 (4): 429-55.

[160] Wang Yaw-Huei, Keswani Aneel and Taylor Sthphen J. The Relationships Between Sentiment, Returns and Volatility [J]. International Journal of Forecasting, 2006, 22 (1): 109-123.

[161] Wright Peter, Ferris Stephen P., Sarin Atulya and Awasthi Vidya. Impact of Corporate Insider, Blockholder, and Institutional Equi-

ty Ownership on Firm Risk Taking [J]. Academy of Management Journal, 1996, 39 (2): 441-458.

[162] Wright Peter, Kroll Mark, Krug Jeffrey A. and Pettus Michael. Influences of Top Management Team Incentives on Firm Risk Taking [J]. Strategic Management Journal, 2007, 28 (1): 81-89.

[163] Yu Jianfeng, Yu Yuan. Investor Sentiment and the Mean-Variance Relation [J]. Journal of Financial Economics, 2011, 100 (2): 367-381.

致 谢

本书是笔者主持的国家自然科学基金资助项目——“投资者情绪、盈余市场反应与上市公司信息披露策略”（项目批准号：71172079）的重要成果之一，感谢国家自然科学基金委的资助。

本书主要采用实证研究法，以中国沪深A股上市公司为研究样本，对研究主题展开一系列实证分析。数据收集和数据整理的工作量较大，涉及投资者情绪复合指数的构建、管理层业绩预告择时数据的整理、累计超额收益率的计算、管理层业绩预告披露方式的整理、应计盈余管理和真实活动盈余管理的测量，以及企业风险承担指标的度量等。因此，非常感谢华东理工大学商学院硕士研究生姚美云、任强、张丹彧和柳颖等同学辛苦和出色的数据收集和数据处理工作；也非常感谢博士研究生曹雪和刘晨同学耐心细致的校对工作。

在本书撰写过程中，华东理工大学商学院关涛教授、花贵如副教授提出了许多建设性的修改意见，在此一并感谢！当然，本书文责由笔者承担！

王俊秋

2019 年 8 月